Elisabeth Obalski-Hüfner · Kalte Jahre

Elisabeth Obalski-Hüfner

Kalte Jahre

Obalski & Astor

CIP – Kurztitelaufnahme der Deutschen Bibliothek
Obalski-Hüfner, Elisabeth
Kalte Jahre / Elisabeth Obalski-Hüfner. –
München: Obalski & Astor, 1985
ISBN 3-922645-04-6

© 1985 Verlag Obalski & Astor
Satz: Max Vornehm, München
Druck: Hablitzel & Sohn, Dachau
Buchbinderei: Göttermann, Aßling
Umschlagentwurf: Renate Greiner (nach einem Original-Gemälde der Künstlerin)
Alle Rechte – auch das des auszugsweisen Nachdrucks – vorbehalten.

An diesem Januartag im Jahr 1945, dem ersten Schultag nach den Weihnachtsferien, standen die meisten Fenster des Klassenzimmers 2a der Städtischen Handelsschule trotz der Kälte weit offen. Wild gestikulierend trafen Mädchen ihre Verabredungen mit den Schülern des gegenüberliegenden Knabengymnasiums, die sich in ihren Unterrichtsräumen ebenfalls an die geöffneten Fenster drängten.

„Macht doch endlich die Fenster zu, das hält ja kein Mensch aus!" wetterte die Stemmler. Sie war die größte Streberin in der Klasse und nicht sonderlich beliebt.

„Kannst uns ja wieder verpfeifen", kam eine Stimme aus dem Gedränge, und es wurde munter weiter signalisiert. Die Stemmler machte sich nichts aus den Gymnasiasten; genau wie ich. Von einem geschlossenen Fenster aus schaute ich dem Treiben zu, bis ich angesprochen wurde: „Moni, kommst du nachher mit? Wir gehen ins Kino."

„Tut mir leid, aber ich werde nach der Schule erwartet", sagte ich.

„Du? Von einem männlichen Wesen?", es klang ungläubig.

„Nein, von meiner Urgroßmutter", erwiderte ich so patzig wie möglich. Die ganze Klasse war aufmerksam geworden. Es wurde gekichert und getuschelt: „Die Moni präsentiert heute ihren Schatz! Das dürfen wir uns nicht entgehen lassen!"

Ich war ärgerlich. Zwar kannte ich Walter Schmiedel seit vielen Jahren, aber er war nicht mein Freund, sondern nur ein guter Bekannter. Außerdem mußte ich damit rechnen, daß er mich versetzte; er hielt sich nur einige Tage in München auf, und seine Zeit war knapp.

Das Klingelzeichen riß mich aus meinen Überlegungen. Gleich in der ersten Stunde erforderte ein englisches Diktat meine ganze Aufmerksamkeit. Wirtschaftslehre, Rechnen folgten. Ausnahmsweise überraschte uns an diesem Vormittag kein Luftalarm, und auch die drei Unterrichtsstunden nach der Pause verliefen ungestört.

Dann rannten alle die Treppe hinunter. Nur ich ließ mir viel Zeit, doch meine Trödelei nützte nichts, meine Klassenkameradinnen warteten am Schultor. Entschlossen ging ich hinaus. Da stand, ein halbes Dutzend Gymnasiasten in Luftwaffenhelferuniform um Haupteslänge überragend, Walter in der Ausgehuniform eines Maates der Kriegsmarine. Er kam auf mich zu, nahm mir die Schultasche ab und zog mich fort, ohne ein Wort zu verlieren. Dieser Auftritt hatte seine Wirkung nicht verfehlt, wie ich mit einem schnellen Blick nach hinten feststellte. Die anderen starrten mir nach und behielten vor Staunen den Mund offen.

„Sag mal, hast du noch keinen Freund?" wollte Walter wissen.

„Warum wegen einem mit allen verderben!", wich ich aus.

Ich verschwieg ihm, daß ich längst bis über beide Ohren in Albert verliebt war, den einzigen Sohn von Hauptlehrer Meisinger, meinem Geigenlehrer seit sieben Jahren. Albert spielte virtuos Klavier, und wenn er Fronturlaub hatte, musizierten wir miteinander. Dabei vergaßen wir oft die Zeit, und ich mußte manchen Rüffel einstecken, wenn ich zu spät nach Hause kam. Meine stille Liebe hielt ich streng geheim. Walter fragte auch nicht weiter, sondern erzählte von seinen Erlebnissen auf hoher See.

Am Isartalbahnhof verabschiedeten wir uns. Mein Zug stand noch da, und ich kam trotz meiner Verabredung pünktlich in Ebenhausen an.

Hier, zwanzig Kilometer südlich von München, lebte ich mit meinen Eltern und vier jüngeren Geschwistern.

Wir besaßen ein großes Grundstück. Uns war nach vielen Laufereien die Baugenehmigung für ein „Doppelbehelfsheim" erteilt worden. In unserer Mietwohnung war es inzwischen so eng geworden, daß mein Vater sogar seine Büroarbeiten in der Wohnküche erledigen mußte.

Er hatte ein Malergeschäft betrieben, wurde jedoch einige Jahre nach Ausbruch des Krieges zur Hilfspolizei eingezogen.

Er strahlte Ruhe aus, und ich verstand mich gut mit ihm.

Meine Mutter war bildhübsch und sehr temperamentvoll. Ich hatte ihre dunkelbraunen Haare und Augen geerbt und freute mich jedesmal, wenn ich auf diese Ähnlichkeit hin angesprochen wurde. Im Wesen glichen wir uns jedoch ganz und gar nicht. Sie war eine tüchtige Geschäftsfrau und lebte nach der Devise, „nur mit Arbeit kann man etwas erreichen". Mein Interesse an Büchern, meine Liebe zur Musik hielt sie für „Firlefanz, mit dem man kein Geld verdienen kann", weshalb sie oft an mir herumnörgelte.

Wenn es draußen warm und trocken war, kletterte ich in die große Fichte hinter dem Haus, las heimlich die geliehenen Bücher, lernte für die Schule oder hing meinen Träumen nach.

Meine eineinhalb Jahre jüngere Schwester Ursula, das „geborene Hausmütterchen", hielt sich gerne in der Küche auf, und Mutter machte kein Hehl daraus, daß sie ihre Zweitälteste mir vorzog. Mein Bruder und meine beiden jüngsten Schwestern besuchten die untersten Volksschulklassen. Sie durften in meiner Abwesenheit ungestraft in meinem Schulzeug oder in meinen Geigennoten wühlen, trieben sie es aber sonst zu bunt, so wurde ich gerügt. Als Älteste hatte ich mit gutem Beispiel voranzugehen und mich für sie verantwortlich zu fühlen, es war mir jedoch nicht erlaubt, ihnen den Hosenboden zu versohlen.

Die langen Winterabende waren schier unerträglich für die ganze Familie. In den Schlafzimmern gab es keine Öfen, nur in der Küche wurde geheizt. Während Mutter zusammen mit Ursula den großen Haushalt versah und die kleineren Geschwister herumtobten, büffelte ich englische Vokabeln und übte mich in Stenografie und kaufmännischem Rechnen. Trotzdem ging ich gern zur Schule, auch wenn wir viele Unterrichtsstunden im Luftschutzkeller verbringen mußten.

In der folgenden Nacht erlebte München einen schweren Fliegerangriff. Zwischen Kartoffelkisten, Sauerkrautfässern und den von der Luftschutzbehörde vorgeschriebenen Wasserbehältern saßen die Hausbesitzerin – ihr Mann war in Rußland – mit ihren drei Kindern, meine Mutter, meine Geschwister und ich. Vater hatte sich auf seinen Kontrollgang begeben. Die Bombeneinschläge, die Detonationen der Flakgeschosse hörten sich an wie fernes Donnerrollen, das in dieser Nacht nicht enden wollte. Gegen Morgen erst heulten die Entwarnungssirenen, und kurze Zeit später kam Vater erschöpft heim. Ebenhausen war wieder einmal davongekommen.

Nach nächtlichen Luftangriffen begann der Unterricht erst um zehn Uhr. Wider Erwarten verkehrten die Züge an diesem Morgen pünktlich. In München herrschte jedoch ein schlimmes Durcheinander. Straßen waren gesperrt, Feuerwehren kamen sogar aus der weiteren Umgebung, um bei den Rettungs- und Aufräumungsarbeiten zu helfen. Viele Trambahnen fielen aus, auch die Linie 10, mit der ich sonst zum Sendlinger-Tor-Platz fuhr. Ein weiter Fußweg lag vor mir, denn unsere zweiten und dritten Klassen waren in der Mädchenoberschule am St.-Anna-Platz einquartiert, und ich mußte Umwege machen.

Als ich es endlich geschafft hatte, blieb ich wie angewurzelt stehen. An der vorderen Giebelseite der Schule war ein Teil der Mauer eingestürzt. Ich lief um das Gebäude herum und atmete erleichtert auf. Der Trakt mit unseren Klassenzimmern war unversehrt geblieben. Doch meine Freude währte nicht lange. Am Schultor, das verschlossen war, hing ein Pappschild mit der Aufschrift:

Die Schülerinnen der Städt. Handelsschule werden gebeten, sich im Stammschulhaus an der Frauenstraße zu melden!
Wieder rannte ich los, der Unterricht mußte längst begonnen haben. Außer Atem stand ich schließlich in der Kanzlei vor meiner Klassenlehrerin. Als ich mich entschuldigen wollte, unterbrach sie mich: „Das macht nichts, Bachthaler. Sie sind eine der ersten aus Ihrer Klasse." Sie legte eine kleine Pause ein, und ihr Gesicht wurde ernst: „Sie wissen, daß hier das Kriegsschädenamt untergebracht ist. Am St.-Anna-Platz können wir nicht bleiben. Deshalb werden unsere zweiten und dritten Klassen ab sofort vom Unterricht beurlaubt. Melden Sie sich bitte beim Arbeitsamt. Sie werden zum Dienst in der Rüstungsindustrie verpflichtet. Der Krieg ist in ein entscheidendes Stadium getreten, jede Hand wird gebraucht. Hoffen wir, daß wir uns bald gesund wiedersehen!" Sie reichte mir die Hand.

Durch den langen Korridor liefen geschäftig Männer und Frauen mit Formularen und verschwanden hinter Türen, an denen die Bezeichnungen der Klassen durch die der Amtsstellen ersetzt worden waren. Über all dem fremden Treiben hing noch der vertraute Geruch von Schreibutensilien, Tafellappen, Büchern und abgegriffenem Lehrmaterial, wie er sich im Lauf von Jahren in allen Schulen einnistet.

Ich lief schnell fort, keine meiner Klassenkameradinnen sollte sehen, daß ich weinte.

Der Viktualienmarkt lag da wie ausgestorben, auch der kleine Milchladen, in dem ich in der warmen Jahreszeit den größten Teil meines bescheidenen Taschengeldes in Eis aus Früchten, Wasser und Süßstoff umgesetzt hatte, war geschlossen. Mißmutig schlenderte ich weiter.

Im Arbeitsamt bekam ich eine Vermittlungskarte für die Firma Wieland in Baierbrunn, einem kleinen Dorf fünf Kilometer von Ebenhausen entfernt. Ich müsse mich sofort dort melden, hieß es, doch ich fuhr erst nach Hause, um meine Eltern zu verständigen.

In der Küche herrschte eine beklemmende Stille. Mutter, die gerade Geschirr spülte, sagte, ohne mich anzusehen: „Papa muß nächste Woche zu einem Lehrgang nach Berlin. Anschließend wird er an die Front abgestellt."

Ich wollte es nicht glauben.

„Väter aus kinderreichen Familien sind doch vom Fronteinsatz befreit!"

Mutter schüttelte den Kopf.

„Vielleicht liegts daran, daß Papa nicht in der Partei ist?" Im Vergleich zu Vaters Versetzung erschien mir meine Kriegsdienstverpflichtung recht unwichtig, Mutter war jedoch anderer Meinung. Wir Kinder sollten möglichst schnell selbständig werden, deshalb hatte sie mich eigentlich nach der Volksschule in einen kaufmännischen Lehrbetrieb stecken wollen. Nun lamentierte sie: „Warum habe ich bloß auf deine Lehrerin gehört! Die Johanna und die Rosina sind im zweiten Lehrjahr. Die verdienen schon Geld, und kein Mensch käme auf die Idee, sie in einen Rüstungsbetrieb zu schicken. Wer weiß, wie lange der Krieg noch dauert. Das bißchen Steno und Maschinenschreiben, das du bis jetzt gelernt hast, vergißt du doch bis dahin voll und ganz!"

Unbemerkt von uns allen war Vater in die Küche gekommen. Was er nicht schon gehört hatte, ließ er sich berichten. Er überlegte nicht lange. „Früher habe ich von dieser Firma viele Aufträge bekommen. Ich kenne den alten Wieland recht gut. Morgen rede ich mit ihm. Vielleicht kann er Monika im Büro unterbringen."

Ich war ihm sehr dankbar und räumte schweren Herzens meine Schultasche weg. Oft hatte ich mich über die vielen Hausaufgaben geärgert, doch daß ich so schnell davon befreit werden sollte, das war mir auch nicht recht.

Diesmal ertönten die Sirenen gleich nach Einbruch der Dunkelheit. Während Vater sich auf den Weg machte, verteilte Mutter das Luftschutzgepäck an uns. Wenig später saß die Hausgemeinschaft wieder bei flackerndem Kerzenlicht im engen Keller. Die Hausbesitzerin jammerte: „Nimmt dieser elende Krieg denn gar kein Ende? Seit gestern ist meine Schwester ausgebombt, und heute höre ich, daß der jüngste Sohn von Frau Koch gefallen ist!"

Meine Mutter sah mich an. „Fast hätte ichs vergessen. Hauptlehrer Meisinger war heute hier. Er kann dir vorerst keinen Unterricht geben. Sein Sohn ist gefallen."

„Albert! Das ist nicht wahr!" Meine Kehle war wie zugeschnürt, ich brachte kaum einen Ton heraus.

Mutter blieb ruhig. „Warum solls nicht wahr sein? Jeden Tag erwischt's welche!"

Ich rannte die Kellertreppe hinauf und zur Haustüre hinaus; lief durch den verschneiten Garten und lehnte mich an den Stamm der großen Fichte.

Albert! Nein! Es mußte ein Irrtum sein. Es konnte einfach nicht wahr sein.

Unaufhörlich donnerten Bombeneinschläge und Flak. Gespenstisch hing die Feuerröte über München.

Ich stand, bis mir kalt wurde, dann wischte ich mir die Tränen aus dem Gesicht und ging zum Haus zurück. Nicht einen einzigen Menschen gab es dort unten im Keller, der Verständnis für meine Verzweiflung hatte. „Jeden Tag erwischts welche!"

Schweigend, in die dunkelste Ecke gekauert, wartete ich das Ende des Luftangriffs ab.

Nach einer schlaflosen Nacht kam ich am anderen Morgen erst in die Küche, als meine Geschwister schon zur Schule gegangen waren. Auf dem Tisch lag die Zeitung. Mit zitternden Händen suchte ich die Todesanzeigen. Die schwarzumrandeten Kästchen mit dem Eisernen Kreuz füllten allein eine Seite. Ich überflog die Namen und glaubte, der Boden schwanke unter meinen Füßen. Da stand es:

Den Heldentod an der Westfront starb unser einziger geliebter Sohn Albert Meisinger, Leutnant der Reserve...

Frierend kroch ich wieder in mein Bett.

Meine Gedanken kreisten ums Sterben. Mir kamen die naiven Paradies-Darstellungen aus meinem Religionsbuch in den Sinn. Tot zu sein, schien mir im Augenblick die einzige Lösung meiner Probleme.

Vater platzte herein. Er hatte mit Wieland telefoniert, der ihm sofort versprach, mir eine Stelle im Büro zu geben.

Ein Lichtblick; so konnte ich mich wenigstens beruflich weiterbilden.

Ich raffte mich auf und fuhr gleich nach dem Essen nach Baierbrunn, um in der Personalstelle alle Formalitäten zu erledigen. Zwei Tage später sollte ich mit einem Anfangsgehalt von monatlich 75 Mark im Lohnbüro meinen Dienst antreten.

Der nächste Morgen war naßkalt und trüb. Lange vor Beginn des Trauergottesdienstes für Albert war die Kirche bis auf den letzten Platz besetzt, und immer noch drängten Nachbarn, Freunde und Bekannte in die Gänge. Der Kirchenchor, diesmal unter fremder Leitung, sang ein Requiem.

Ich dachte an meine letzte Begegnung mit Albert. Es war kurz vor den Weihnachtsferien gewesen. Nach einer leichten Verwundung war er beurlaubt worden. Beim Musizieren hatten wir wieder einmal die Zeit vergessen. Ich wußte, daß mich zu Hause ein Gewitter erwartete, und ließ es doch geschehen, daß er seinen Arm um meine Schultern legte und mich in sein Zimmer führte. Vor dem großen Bücherschrank blieb er stehen. „Die kannst du alle lesen. Ich brauche sie jetzt nicht." Ich bat ihn, mir ein Buch auszusuchen. Sein Blick ging suchend über die Reihen. „Hier. ‚Die Pfäfflingskinder', eine reizende Familiengeschichte." Er nahm das Buch heraus und gab es mir. Dann brachte er mich zur Haustüre, ohne den Arm von meinen Schultern zu nehmen. Als ich ihm gegenüberstand, spürte ich, wie mir das Blut in den Kopf stieg. Er übersah meine Verlegenheit und hielt meine Hand lange. Am Gartentor schaute ich noch einmal zurück. Er stand immer noch da.

„Bis bald!" hatte er gerufen und mir zugewinkt.

„Lesung aus dem 2. Buch der Könige", hörte ich den Pfarrer sagen, „auf deinen Höhen, Israel, liegen die Besten tot…"

Nach dem Gottesdienst drängten sich die meisten Anwesenden um die Trauernden, und ich mußte lange warten, ehe ich meinem Lehrer gegenüberstand. Stumm lagen wir uns in den Armen, bis er sagte: „Albert hat dich sehr gern gehabt."

Schluchzend verließ ich den Kirchplatz.

Daheim fiel es nicht auf, wenn ich verweinte Augen hatte oder besonders schweigsam war. Auch Mutters Augen schimmerten oft feucht, sogar die Geschwister verhielten sich ausnahmsweise ruhig. Vaters Abreisetag rückte näher.

Freunde und Nachbarn zeigten sich bestürzt und versprachen, ein wachsames Auge auf unseren männerlosen Haushalt zu richten.

Wenn es sich machen ließ, kleidete Vater sich auch im Dienst gern ein bißchen salopp. Nun sahen wir ihn zum ersten Mal im Uniformmantel mit Koppel und Mütze. Unsere betretenen Gesichter machten ihm den Abschied nicht leichter, und um nicht zu zeigen, wie ihm zumute war, kommandierte er, wie er es beim Spiel mit uns oft getan hatte: „Orgelpfeifen! Stillgestanden! Daß mir keine Beschwerden kommen!"

Wir hatten Haltung angenommen und brüllten aus Leibeskräften: „Jawoll!" Vater fuhr fort: „Nach rückwärts weggetreten! Marrrsch!" Diesen Befehl führten wir nicht aus. Der Reihe nach umarmten und küßten wir ihn, ehe wir ihn mit Mutter allein ließen.

Die Warterei auf eine Nachricht begann. Vormittags und nachmittags gingen Mutter oder die Geschwister zum Postamt, zwei Wochen lang, dann endlich lag ein Brief von Vater im Abholfach. Die Freude über dieses Lebenszeichen wurde getrübt durch seine Mitteilung, daß er und seine Kameraden stündlich mit der Abkommandierung an die Ostfront rechneten.

Meine Tätigkeit in der Firma Wieland war auch nicht dazu angetan, mich aufzuheitern. Der Chef hatte sich persönlich für mich eingesetzt, deshalb galt ich als Protektionskind. Frau Dörfler, die Leiterin des Lohnbüros, und Maria Meier, die Lohnbuchhalterin, gaben sich mir gegenüber zurückhaltend. Tag für Tag mußte ich mit der alten Handkurbelmaschine Akkordzettel vervielfältigen, die in den Werkstattbüros gebraucht wurden. Blieb noch Zeit, half ich in der Registratur oder erledigte Botengänge.

Luftalarmsirenen, bei deren Ertönen die Betriebsangehörigen sofort das Fabrikgelände verlassen und sich zum Bunker am Isarhochufer begeben mußten, unterbrachen meine eintönige Arbeit.

Von Vater hörten wir nichts mehr. Wir sorgten uns sehr um ihn, denn immer mehr Soldaten kamen um oder gerieten in Gefangenschaft. Jeder sah, daß dieser wahnsinnige Krieg längst verloren war. Eine schier unerträgliche Spannung breitete sich aus.

Neben dem Radio lag in unserer Küche eine Deutschlandkarte, auf der wir den Vormarsch der Amerikaner verfolgten, die aus dem Westen anrückten; russische Armeen waren in Ostdeutschland und Österreich einmarschiert. Panische Angst erfüllte uns bei dem Gedanken, daß sie von Österreich aus die bayerische Grenze überschreiten könnten. Man hörte, daß die russischen Besatzungssoldaten besonders in Ostdeutschland wie die Wandalen hausten.

„Betet, daß die Amerikaner bald da sind!" ermahnte uns Mutter, wenn wir abends zu Bett gingen.

Angst und Sorge schlossen unsere Familie eng zusammen, aber auch aus einem anderen Grund hatte sich mein Verhältnis zu Mutter gebessert. Ich arbeitete und verdiente mehr Geld als Johanna und Rosina in ihren Lehrbetrieben.

Anfang Mai fiel noch einmal leichter Schnee. Wieder saß die Hausgemeinschaft im Keller. Nach einem besonders heftigen Luftangriff blieb die Entwarnung aus, und eine gespenstische Stille folgte. Plötzlich peitschten Schüsse durch unsere Straße, danach war es wieder ruhig. Mit Ursula und meinem Bruder schlich ich nach oben. Ursula öffnete die Haustüre vorsichtig, und wir spähten hinaus, sahen aber nichts. Ein entferntes Geräusch kannten wir aus Wochenschauberichten: Panzer rückten näher. Ängstlich schlossen wir die Türe und rannten zurück in den Keller. Alle lauschten gespannt, bis jemand gegen die Haustüre schlug.

Einen Augenblick saßen wir starr vor Schreck, dann gingen wir hinauf, und zitternd öffnete die Hausbesitzerin die Türe. Zwei junge amerikanische Soldaten blickten in die ängstlichen Gesichter einer Kinderschar und zweier Mütter.

„Mann in Haus?" fragte der eine. Mutter und Hausbesitzerin schüttelten den Kopf.

„Okay", sagte der andere. Sie gingen zu ihrem Fahrzeug und fuhren davon.

Jetzt hatten auch die Schießereien in der Umgebung aufgehört, und die Bewohner Ebenhausens wagten sich vorsichtig aus den Häusern.

Amerikanische Militärfahrzeuge beherrschten das Straßenbild, kein deutsches Auto war zu sehen, auch der Bahnverkehr ruhte. Verwundert liefen wir deshalb zum nahegelegenen Bahngleis, als dort ein Zug abgestellt wurde. Männer in gestreifter Kleidung stiegen aus den Güterwagen: jüdische Häftlinge, die in letzter Minute aus dem Konzentrationslager Dachau befreit werden konnten. Sie fragten nach dem Weg zur amerikanischen Ortskommandantur. Bald stand der Zug verlassen auf freier Strecke. Spielende Kinder entdeckten es zuerst, dann wußte es die ganze Nachbarschaft: In den Güterwagen lagen Wolldecken und Lebensmittel.

Im Schutze der Dunkelheit herrschte ein eifriges Kommen und Gehen. Als der Zug am nächsten Morgen in den Bahnhof einfuhr, waren die Wagen leer, und niemand vermochte zu sagen, wer sie ausgeräumt hatte.

Ursula und ich bekamen Ausgehverbot, weil Mutter den fremden Soldaten nicht traute. Aber unsere jüngeren Geschwister trieben sich den ganzen Tag draußen herum, und wir erfuhren, daß es allerhand zu sehen gab. Die Soldaten legten die Füße auf den Tisch, wenn sie sich unterhielten. Ihre Radios ließen sie an langen Leinen aus den Fenstern baumeln, damit sie auch im Freien Musik hören konnten. Die Amerikaner zeigten sich sehr kinderlieb und schenkten den Kleinen mit Wurst oder Käse belegtes Weißbrot und Schokolade, obwohl ihnen jede Art von „Fraternisation" verboten war.

Diese Gaben brachten eine willkommene Abwechslung in unseren Speisezettel. Kartoffeln hatten wir zwar eingelagert, aber Brot war knapp. Oft gab es zum Frühstück eine Scheibe Brot für jeden, die er nach Belieben mit geschnittenen Pellkartoffeln belegen durfte.

Bei vielen jungen Mädchen und alleinstehenden Frauen waren der Wunsch nach etwas Liebe und die Gier auf Kaffee, Schokolade und Zigaretten so stark, daß sie sich den fremden Soldaten bedenkenlos an den Hals warfen. Jeder, der eine Freundin wollte, fand eine. Mutter ließ sich davon überzeugen, daß Mädchen, die nicht mit sich anbändeln lassen wollten, zumindest tagsüber nichts zu befürchten hatten, und lockerte das Ausgehverbot für ihre Ältesten.

Wir besuchten die Bauernhöfe der Umgebung, doch leider brachten diese Hamsterzüge nicht viel ein. Hin und wieder bekamen wir einen Liter Milch, ganz selten ein Ei oder ein Stückchen Butter.

Eines Tages gab uns eine Bäuerin eine Packung, deren Inhalt eine Ähnlichkeit mit Haferflocken hatte. Ursula rührte ein wenig davon in kochendes Wasser, es schmeckte abscheulich. Da las ich das amerikanische Etikett. Die Tüte enthielt Kükenfutter.

Mutter arbeitete stundenweise in einer Gärtnerei, so wurden wenigstens Kartoffeln und Gemüse nicht knapp.

An die Anwesenheit der Amerikaner gewöhnten wir uns schnell. Die Offiziere wohnten in Villen, die meisten Soldaten waren im Gasthof zur Post einquartiert. Dort lebte auch der Betriebsmaler der Firma Wieland, ein älterer Junggeselle, den ich gut kannte, weil er früher einige Jahre in Vaters Malergeschäft gearbeitet hatte. Ihn besuchte ich, weil ich hoffte, etwas über die Firma zu erfahren. Der Maler wußte so wenig wie ich, und wir beschlossen, uns gleich am nächsten Tag auf den Weg nach Baierbrunn zu machen. Früh brachen wir auf, und nach einer Stunde Fußmarsch lag die Fabrik vor uns. Das kleine Tor ließ sich öffnen, doch die Pförtnerloge war unbesetzt. Im Hof trennten sich unsere Wege, ich ging zum Verwaltungsgebäude. Aus dem Entwicklungsbüro drangen Stimmen; das Lohnbüro war verschlossen, doch die Türe zum Personalbüro stand offen. Auch hier wurde debattiert. Frau Dörfler entdeckte mich und winkte mich herein. „Die Produktion wird umgestellt. Wir müssen alle Formulare ändern. Können Sie am Montag anfangen?" fragte sie, nachdem sie mich flüchtig begrüßt hatte. Ich sagte zu und lief zurück zum Tor, wo der Maler schon wartete. Auch er konnte seine Arbeit wieder aufnehmen. Von ihm erfuhr ich, daß die im Werk fabrizierten Flugzeugteile nicht als „Kriegsmaterial" gewertet wurden, und daß die Amerikaner unserem Chef erlaubt hatten, seinen Betrieb mit vorhandenen Materialvorräten auf die Fertigung von Aluminiumgeschirr umzustellen.

Tag für Tag ging ich nun zu Fuß nach Baierbrunn, und erst als der einstündige Fußmarsch wegen der sommerlichen Hitze zu beschwerlich wurde, gestattete Mutter mir, Vaters Fahrrad zu benützen. Die Amerikaner genehmigten mir großzügig das Verlassen meines Wohnortes mit dem „bicycle".

Die Firma Wieland begann ihre Nachkriegsproduktion mit einem kleinen Programm. Die Belegschaft war von zweihundertfünfzig Mitarbeitern auf sechzig zusammengeschrumpft. In den Werkshallen standen viele Maschinen still, aber es wurden noch Leute eingestellt.

Mancher Kriegsheimkehrer blieb in Baierbrunn, weil er hier Arbeit fand, andere versuchten, sich in ihre Heimat durchzuschlagen. Sie klopften auch an unsere Türe. Mutter gab jedem einen Teller Suppe oder ein Stück Brot. Vielleicht war Vater auf dem Weg nach Bayern auch auf fremde Hilfe angewiesen. Wir warteten sehnlichst auf ein Lebenszeichen von ihm.

Der Staat zahlte für unsere Familie nur 120 Mark Unterstützung im Monat, davon konnten wir nicht leben, auch wenn ich alles, was ich verdiente, daheim ablieferte. Deshalb nahm Mutter bei den Amerikanern eine Stelle als Küchenhilfe an. Ursula führte den Haushalt nun allein.

Mein Monatsgehalt war auf 90 Mark angehoben worden. In den Büros herrschte Hochbetrieb, und ich stand von morgens bis abends an der Handkurbelmaschine, bepinselte die Walze mit einer übelriechenden Druckerschwärze und zog Formulare ab, bis alle Regale in Werkstatt-, Entwicklungs- und Lohnbüro gefüllt waren. Dann fand sich keine Arbeit mehr, und Frau Dörfler meldete mich der Personalabteilung zur Umbesetzung. Ich mußte mich in der Lagerverwaltung melden und erhielt einen Overall und einen Spindschlüssel für den Frauenumkleideraum. Ich zog mich um und meldete mich wie befohlen in der Materialverwaltung. Vom kleinen Nagel bis zum großen Schraubenzieher hatte alles seinen Platz in einem riesigen Schrank. Am ersten Tag sortierte ich Schrauben ein.

Meine Hoffnung auf eine Bürotätigkeit war vorerst geschwunden, und um nicht ganz aus der Übung zu kommen, unterhielt ich mit mehreren

Schulfreundinnen einen regen Briefwechsel in Steno und Maschine.
Eines Tages kamen drei Briefe auf einmal. Sinngemäß hatten alle den gleichen Inhalt: „Liebe Moni! In der Zeitung steht, daß in zwei Wochen die Schule wieder anfängt. Ich freue mich aufs Wiedersehen!"

Die Briefe landeten in der Schreibmappe, ohne daß Mutter davon erfuhr. Ich konnte ihr jetzt finanziell nicht zur Last fallen und mußte vorerst auf meinen Schulabschluß verzichten.

Die Arbeit in der Materialausgabe war schwer. Oft schmerzte mein Rücken, und meine Hände waren rauh und rissig geworden. Wenigstens normalisierten sich die Verkehrsverhältnisse, und die Berufstätigen durften mit Genehmigung der Militärregierung die Eisenbahn benützen.

Gleich am ersten Morgen traf ich im Zug einen netten älteren Herrn, den ich während meiner Handelsschulzeit kennengelernt hatte. Er besaß in München eine Druckerei, machte gute Geschäfte mit den Amerikanern und suchte eine Bürokraft. Als er von meiner Arbeit in der Materialausgabe hörte, bot er mir die Stelle mit einem Anfangsgehalt von 130 Mark an.

Ich konnte den Feierabend kaum erwarten und brannte darauf, diese erfreuliche Neuigkeit daheim zu erzählen.

Im Flur duftete es nach gerösteten Kartoffeln. Mutter werkelte in der Küche.

Sie ließ mich ausreden, dann sagte sie ungehalten: „Nach München willst du! Was fällt dir eigentlich ein! Hast du nicht gehört, daß es in der Stadt von Schiebern, Schwarzhändlern und anderem undurchsichtigen Gesindel nur so wimmelt? Bilde dir ja nicht ein, daß ich dazu meine Erlaubnis gebe!"

Wenn Mutter diesen Ton anschlug, beschwor der kleinste Widerspruch einen Krach herauf. Wie so oft, wenn ich machtlos etwas hinnehmen mußte, was mir ungerecht und unsinnig erschien, weinte ich. Und wie so oft, wenn ich weinte, spotteten die Geschwister: „Alte Sarah, alte Sarah!"

Mutter hatte mich einmal so genannt, und meine Geschwister fanden den Vergleich so lustig, daß sie bei jeder Gelegenheit darauf zurückkamen. Die Ohrfeigen, die ich ihnen hin und wieder gab, erhielt ich umgehend von Mutter zurück.

Ich war enttäuscht und verzweifelt und wollte mit einem Menschen sprechen, der mich verstand, zu dem ich Vertrauen hatte: Hauptlehrer

Meisinger. Seit dem Trauergottesdienst für Albert waren wir uns nicht mehr begegnet.

Es dauerte lange, bis die Tür geöffnet wurde. Der Lehrer sah müde aus, als er mich mit einer Geste hereinbat. Wie immer fiel mein Blick zuerst auf die Flurgarderobe. Hatte ich früher Alberts Uniformmütze oder seinen Jägerhut hier entdeckt, so wußte ich, er war im Haus, und mein Herz hatte höher geschlagen.

Das ganze Wohnzimmer schien mir verändert, weil der Notenberg auf dem Klavier verschwunden und der Deckel geschlossen war; es wirkte jedoch keineswegs kahl, denn über dem Instrument hing in silbernem Rahmen eine Fotografie, die Albert fröhlich lachend zeigte. Ich nahm mir vor, später einmal zur Erinnerung um ein solches Bild zu bitten. Jetzt brachte ich kein Wort heraus, und es kostete mich Mühe, die Tränen zurückzuhalten.

„Viele sind heimgekehrt in den letzten Wochen, viele haben geschrieben – wir warten vergeblich. Unser Albert kommt nicht mehr." Der Lehrer weinte. Die tiefe Verzweiflung des Mannes gab mir den Rest. Bevor ich endgültig die Fassung verlor, verabschiedete ich mich rasch und verließ beinahe fluchtartig das Haus.

Daheim gab Mutter mir einen Brief. Eine Freundin schrieb: „Sei froh, daß Du nicht mehr in dieser Tretmühle bist. Die versuchen doch glatt, uns alles, was wir versäumt haben, auf einmal einzurichten. Leider können wir uns vorerst nicht sehen. Allen in der Klasse geht es gleich: büffeln, büffeln, büffeln!"

Ich legte den Brief zu den anderen in die Mappe. Mußte ich denn alle Menschen, die mir etwas bedeuteten, auf einmal verlieren!

Am liebsten wäre ich fortgelaufen, weit, weit fort, um irgendwo ein neues Leben anzufangen.

Doch ich fuhr Tag für Tag nach Baierbrunn, zog mich wie alle Fabrikarbeiterinnen um und ging an die verhaßte Arbeit.

Eines Tages wurde die Tür zur Lagerhalle aufgerissen, und eine Stimme rief: „Der Alte rennt im Laden rum!"

Wieland inspizierte seinen Betrieb selten, aber wenn er durch die Hallen ging, nahm er sich viel Zeit.

Der Lagerverwalter wusch seine Hände und kämmte sein Haar mit größter Sorgfalt, ich räumte gerade Werkzeug in den großen Schrank.

Als der Chef eintrat, grüßte ihn der Verwalter ehrerbietig und stellte seine Mitarbeiter vor.

Wieland stutzte: „Fräulein Bachthaler? Sind Sie nicht im Lohnbüro?"
„Da ist im Augenblick nicht soviel zu tun?"
„Ziehen Sie sich um, und gehen Sie an Ihren alten Arbeitsplatz!" Wütend verließ Wieland die Lagerhalle.

Frau Dörfler ließ mich fühlen, daß sie meinetwegen getadelt worden war. Kühl und sachlich wies sie mich an, die Essenmarken an die Belegschaft auszugeben, Geld und Lebensmittelmarken zu kassieren und mit der Kantinenverwaltung abzurechnen.

Maria Meier freute sich über meine Rückkehr. Nun saß ich in der Kantine wieder bei den Mädchen aus den Büros und verbrachte mit ihnen zusammen den Rest der Tischzeit im Fabrikhof, wo in den Pausen reges Treiben herrschte. Mancher junge Kriegsheimkehrer fand hier eine Freundin. Maria schwärmte von ihren ersten Verabredungen nach Feierabend, ich blieb zurückhaltend. Keiner der jungen Männer hielt einem Vergleich mit Albert stand. Bald hatte ich den Spitznamen „eiserne Jungfrau" weg, die Spötteleien begannen.

Einen Lichtblick brachte in diesen Tagen der Besuch des Verkaufsleiters, dessen Sekretärin erkrankt war. Mit Frau Dörflers Einverständnis wandte er sich an mich: „Sie haben doch eine Handelsschule besucht. Können Sie mir ein paar Briefe schreiben?" Ich nahm Block und Bleistift und folgte ihm.

In den folgenden Tagen erledigte ich seine Post, nahm Anrufe entgegen und kochte Kaffee. Ich wünschte, daß es ewig so bliebe. Doch nach einer Woche war die schöne Zeit vorüber. Der Abteilungsleiter war mit meiner Arbeit zufrieden und versprach, sich dafür einzusetzen, daß ich eine Aufgabe bekäme, die meinen Fähigkeiten entspräche.

Darauf wartete ich genauso vergeblich wie daheim mit Mutter und Geschwistern auf ein Lebenszeichen von Vater.

Die erste Nachricht kam erst an einem Oktobersonntag 1945. Wir saßen gerade beim Nachmittagstee und ließen uns den Hefezopf schmecken, den Ursula gebacken hatte, als die Türglocke läutete. Mutter ging hinaus, verhandelte eine Weile und kam schließlich mit einem fremden Herrn herein. Ihre feuchten Augen glänzten, als sie uns erklärte: „Herr Karl kommt aus Rußland. Er war mit Papa zusammen im Kriegsgefangenenlager."

Schnell wurde noch ein Gedeck aufgelegt. Dann berichtete Herr Karl, daß er wegen einer Herzerkrankung entlassen worden sei. Vater gehe es gut, das Essen sei zwar knapp, die Arbeit nicht leicht, aber Unterkunft und Behandlung bei den Russen seien erträglich. Vater lasse uns grüßen, er rechne fest damit, bald entlassen zu werden.

Vater lebte! Wir waren überglücklich!

Ich malte mir aus, was ich unternehmen könnte, wenn er bald käme, und fand die Arbeit in der Firma Wieland nicht mehr ganz so trostlos.

Nicht einmal das trübe Wetter deprimierte mich an diesem ersten Arbeitstag im November; zumal Frau Dörfler uns Abwechslung versprach, indem sie vom Fenster aus in den Fabrikhof blickte und meinte: „Wir bekommen heute fünf neue Mitarbeiter. Bereiten Sie bitte die Aufnahmeformulare vor!"

Maria ging ebenfalls zum Fenster. Sie wandte sich mir zu: „Die drei Bierdimpfl kannst du nehmen. Ich kümmere mich um den Blonden und den Schwarzen. So fesche Männer hats hier lange nicht gegeben."

„Ich laß mir von dir nicht vorschreiben, wen ich aufzunehmen habe", erwiderte ich ärgerlich.

„Du bist schließlich nur angelernt. Ich bin ausgebildete Lohnbuchhalterin und außerdem zwei Jahre älter als du."

Die Dörfler fuhr dazwischen: „Jetzt reichts mir aber. Setzen Sie sich endlich an Ihre Maschinen!" Dann öffnete sie den Männern die Tür.

„Würden Sie bitte hereinkommen! Meine beiden Mitarbeiterinnen nehmen Ihre Personalien auf."

Die drei ‚Bierdimpfl' stellten sich gleich hinter Maria, die mürrisch die erste Lohnsteuerkarte entgegennahm und die Angaben zur Person in die Maschine hackte. Die beiden gutaussehenden Männer kamen an meinen Tisch. Der jüngere der beiden war blond und blauäugig wie Albert. Er stellte sich als „Reinhard Osswald" vor. Ich notierte die Personalien und stellte dabei zum erstenmal fest, daß es eigentlich recht interessant ist, so viel auf einmal über einen Menschen zu erfahren, den man noch nie gesehen hat.

Osswald beantwortete geduldig alle Fragen. Er wurde nur etwas ungehalten, als ich wissen wollte, welchen militärischen Dienstgrad er zuletzt hatte.

„Ist das denn so wichtig?"

Ich bedauerte, daß die amerikanische Militärregierung ziemlich strenge Vorschriften erlassen habe.

„Leutnant der Reserve."

„Jetzt müssen Sie mir nur noch sagen, ob sie bei der Waffen-SS waren."

Er schüttelte den Kopf. „Ich war ein ganz einfacher Panzergrenadier. Fragen Sie nur weiter, ich habe nichts zu verbergen."

„Wir sind fertig."

„Schade, ich hätte Ihnen gerne noch mehr Fragen beantwortet."

„Spielen Sie ein Musikinstrument?" fragte ich übermütig.

„O ja", erwiderte er lächelnd, „Radio und Grammophon."

Schneidend kam die Stimme von Frau Dörfler: „Fräulein Bachthaler!"

„Das wärs dann", sagte ich betont geschäftsmäßig, mühsam meine Verlegenheit verbergend, „melden Sie sich bitte in der Halle I beim Lagerverwalter. Hoffentlich gefällt es Ihnen bei uns!"

Kaum hatten die Arbeiter das Büro verlassen, herrschte mich die Dörfler an: „Unterlassen Sie in Zukunft bitte diese Späße mit Leuten, die Sie nicht kennen!"

Ich entschuldigte mich und ordnete meine Aufnahmepapiere. Maria kam zu mir herüber, nahm aus meinen Unterlagen das Paßbild Osswalds, betrachtete es lange und schwärmte noch beim Mittagessen in der Kantine von dem „sagenhaft aussehenden Neuen". Als er im Türrahmen stand, mittelgroß – auch im Arbeitsanzug gab er eine gute Figur ab – und sich nach einem leeren Platz umsah, tuschelten auch die anderen Kolleginnen am Tisch: „Genau mein Typ! Der könnte mir gefallen!"

Zufällig traf ich ihn am Abend vor dem Werkstor. Wir gingen zusammen zum Bahnhof, wo wir uns auch am anderen Morgen wieder begegneten. Diese ‚Zufälle' wiederholten sich Tag für Tag und es schmeichelte mir, daß er seine ganze Aufmerksamkeit mir schenkte, während er meine Kolleginnen gar nicht beachtete. Bald wiesen die Kollegen augenzwinkernd auf uns, die Frotzeleien begannen.

Er meinte: „Zeigen wir ihnen doch einfach, daß wir befreundet sind."

„Wie denn?" fragte ich.

„Wir könnten uns zum Beispiel in aller Öffentlichkeit duzen."

„Abgemacht. Ich heiße Monika."

„Und ich Reinhard."

„Ich weiß, ich habe doch deine Personalien aufgenommen."

Das „Du" ging mir so leicht über die Lippen, daß ich mich selber wunderte.

Der Spätherbst zeigte sich von seiner besten Seite, und der Abend war angenehm mild. Wir gingen spazieren, ich wollte mit einem späteren Zug heimfahren.

Reinhard trug an der linken Halsseite eine große Narbe, und deutlich sichtbar waren seine linken Armmuskeln schwächer ausgebildet als die rechten. Er erzählte, wie er zu seiner Verwundung kam.

Im September 1943 befand sich das Panzergrenadierregiment, dem er angehörte, in Italien auf dem Rückzug. Es war bei Salerno, wo es von den Engländern stark bedrängt wurde. Ein Querschläger traf ihn am Hals, durchschlug Lunge und Rücken. Durch den großen Blutverlust verlor er die Besinnung. Als er wieder zu sich kam, beugte sich ein englischer Sanitäter über ihn und verband ihn mit geübten Griffen. Dann zündete er eine Zigarette an und schob sie ihm in den Mund. Reinhard zog und erbrach sofort Blut, dann fiel er wieder in Ohnmacht.

Als er das Bewußtsein abermals erlangte, befand er sich in einem kleinen Raum. Er versuchte, sich zu orientieren, da trat ein großer, weißhaariger Mann im Arztkittel an sein Bett und sagte freundlich: „Junge, da bist du ja. Dich flicken wir auch wieder zusammen!" Später erfuhr Reinhard, daß gleich nach seiner Verwundung Waffenruhe vereinbart worden war. Beide Seiten bargen ihre Verwundeten und bestatteten die Gefallenen.

Der Engländer hatte ihm das Leben gerettet. Ohne dessen Hilfe wäre er verblutet oder erstickt.

Mir lief es kalt über den Rücken.

Reinhard öffnete seinen Geldbeutel und zeigte mir ein kleines Metallstück. „Kopf und Mütze eines Gardesoldaten", erklärte er, „das Traditionsabzeichen der Panzerdivision, zu der unser Regiment gehörte." Es war sein Talisman.

An diesem Abend kam ich ziemlich spät nach Hause, was Mutter, als sie den Grund der Verspätung erfahren hatte, zu einer Moralpredigt herausforderte: „Daß du mit Mannsbildern anfängst, hat mir gerade noch gefehlt. In Zukunft kommst du nach Büroschluß heim und damit basta!"

Gleich als ich am nächsten Morgen in das Büro kam, sprach mich Maria wegen des abendlichen Spazierganges an.

Es gäbe da eine gewisse Frau Scholz, die seit der Einberufung ihres Mannes ständig Freunde habe, und bei der sich auch Osswald häufig aufhalte.

Ich kannte Reinhard seit ein paar Wochen, war mit ihm befreundet, sonst nichts, und doch spürte ich, daß es mir nicht gleichgültig war, was andere Frauen in seinem Leben für eine Rolle spielten. Ganz vorsichtig wollte ich dieses Thema anschneiden, sobald ich ihn wieder traf.

In der Mittagspause im Kreis der Kollegen bot sich keine Gelegenheit, ich mußte den Feierabend abwarten.

Reinhard stand wie immer am Fabriktor – aber nicht allein.

„Lotte, das ist Monika, ich habe dir von ihr erzählt", sagte er. Lotte Scholz reichte mir die Hand. Ich sei in Eile, sagte ich und verabschiedete mich schnell. Maria hatte also recht. Diese Person war hinter ihm her und um zu verhindern, daß er wieder mit mir spazierenging, holte sie ihn sogar von der Arbeit ab.

Ich nahm mir vor, Reinhard aus dem Weg zu gehen und richtete es so ein, daß ich auf dem Weg zur Arbeit und zum Bahnhof immer in Begleitung war.

Das Wetter war naßkalt und unfreundlich geworden. Zu einer schweren Erkältung bekam ich Fieber und mußte das Bett hüten. Wir Bachthalerkinder waren selten krank. Erwischte es doch einmal eines, so wurde es von den anderen mit größter Fürsorge behandelt.

Plötzlich war Honig im Haus. Ich bekam heiße Milch und dicke Butterbrote. Bereitwillig gingen meine Geschwister in die kleine Dorfbibliothek, um für mich Bücher zu leihen. Dr. Mühls, unser Hausarzt, besuchte mich regelmäßig.

Es ging auf Weihnachten zu. Plätzchenduft zog durch die Wohnung. Ich trennte alte Pullover und Molljacken auf, suchte Wollreste zusammen und strickte Handschuhe und Socken für meine kleinsten Geschwister. Mutter sparte Lebensmittelmarken für die Feiertage. Mit der Vorbereitung der Geschenke begann die Zeit der Heimlichkeiten. Weihnachtsstimmung wollte jedoch nicht aufkommen. Vater hatte immer noch nicht geschrieben.

Oft dachte ich an Reinhard. Sicher wollte er längst nichts mehr von mir wissen.

Nach den Feiertagen durfte ich aufstehen. Doktor Mühls war mit mir zufrieden, verordnete aber noch eine Woche Schonzeit. Nach langer Zeit beschäftigte ich mich wieder mit meiner Geige. Die Saiten waren völlig verstimmt. Ich spielte ein kleines Menuett und kam zu der Einsicht, daß ich es bitter nötig hatte, mich mit den ‚Übungen der Geläufigkeit' zu beschäftigen.

Es läutete. Maria Meier besuchte mich und erzählte mir den neuesten

Kantinentratsch. Plötzlich öffnete sie ihre Handtasche. „Um Himmels willen! Daß ich es ja nicht vergesse! Herr Osswald hat mir etwas mitgegeben. Er hat gesagt, es sei ungeheuer wichtig. Schau einmal nach! Sicher ist es ein Platinverlobungsring."

Sie gab mir einen Briefumschlag, der einen kleinen, festen Gegenstand enthielt, den ich sofort erkannte. Ich war überglücklich. Maria versuchte, mich auszuhorchen, aber der Umschlag blieb verschlossen, und sie mußte sich verabschieden, ohne das Geheimnis gelüftet zu haben.

Ich hatte mich nicht geirrt. Das Kuvert enthielt Reinhards Talisman und ein Kärtchen, auf dem zu lesen stand: „Er soll dir Glück bringen. Reinhard."

Der kleine Soldatenkopf war von einem Ring umgeben. Neben einem kleinen Kreuz, das ich ständig an einem goldenen Kettchen trug, hing nun das Traditionsabzeichen einer Potsdamer Panzerdivision.

Nach wochenlangem Herumsitzen zu Hause freute ich mich auf den Tag, an dem ich die Arbeit wieder aufnehmen durfte. Reinhard stand am Bahnhof, als ich in Baierbrunn ankam (Maria erzählte mir später, daß er seit vielen Tagen um diese Zeit hier auf mich gewartet hatte). Ich knöpfte den Mantel auf und holte das Kettchen hervor, das ich unter dem Pullover trug.

„Reinhard, ich dank dir herzlich. Du kannst dir nicht vorstellen, wie ich mich gefreut habe", sagte ich, ohne ihn anzusehen. Ich fürchtete, rot zu werden.

Ehe wir uns auf dem Fabrikhof trennten, meinte er: „Ich möchte ein Mißverständnis klären. Frau Scholz hat nach meiner Entlassung aus der Kriegsgefangenschaft sehr viel für mich getan. Ich bin ihr zu Dank verpflichtet. Mit uns beiden hat das nichts zu tun."

Wie zu Beginn unserer Bekanntschaft trafen wir uns wieder täglich vor und nach der Arbeit. Als gegen Ende Januar die klirrende Kälte nachließ, hätten wir gerne abends hin und wieder ein paar gemeinsame Stunden verbracht, doch meine Mutter bestand weiterhin darauf, daß ich pünktlich nach Hause kam.

Reinhard versprach: „Ich werde sie besuchen und ihr erklären, daß ich dich heiraten will."

„Das wird sie für einen Scherz halten. Wir kennen uns doch erst knapp drei Monate", vermutete ich.

„Einen Scherz?" Reinhards Gesicht glich dem eines Kindes, dem man sein Lieblingsspielzeug weggenommen hat. „Glaubst du etwa auch, daß ich scherze? Spürst du denn nicht, daß ich dich liebe?"

Was wußte ich von Liebe! Mir jagten keine Schauer über den Rücken, wenn er meine Hand nahm, wie es in Romanen beschrieben war, aber ich war glücklich, wenn er bei mir war, weil er mein Interesse an Büchern und Musik teilte und im Gegensatz zu meiner Mutter Verständnis dafür hatte, daß mich die Arbeit in der Fabrik nicht ausfüllte. Eine Liebeserklärung brachte ich nicht über die Lippen, so schwieg ich, um ihn nicht zu enttäuschen.

Schon in den nächsten Tagen kündigte Reinhard seinen Besuch bei meiner Mutter an. Er brachte Blumen mit, plauderte eine Weile über dieses und jenes und erklärte dann klipp und klar, daß er die Absicht habe, mich zu heiraten.

Mutter verschlug es die Sprache, aber sie faßte sich schnell: „Monika wird erst achtzehn. Sie ist doch noch viel zu jung!"

„Der Krieg hat uns alle älter gemacht", entgegnete er, „außerdem sieht es nicht so aus, als hätten wir in absehbarer Zeit die Gelegenheit, unsere verlorene Jugend nachzuholen. Wir heiraten weder heute noch morgen, und solange die Zeiten so schlecht sind, werden wir auch keine Kinder in die Welt setzen. Wir wollen nur feststellen, daß wir zusammengehören."

Trotz großer Bedenken gewöhnte sich Mutter bald an Reinhard und fand allmählich sogar Gefallen daran, daß ein gutaussehender, intelligenter junger Mann ständig bei uns ein- und ausging, denn von nun an verbrachten wir unsere Freizeit gemeinsam. Wir gingen ins Theater oder besuchten Faschingsveranstaltungen in Baierbrunn. In den Tanzlokalen trafen wir regelmäßig Lotte Scholz. Reinhard gab sich große Mühe, mich das Tanzen zu lehren, doch meistens beobachtete ich von meinem Platz aus die Paare auf dem Parkett und wunderte mich, daß er ausschließlich mit der Scholz tanzte.

Das Gerede über die beiden drang bis nach Ebenhausen und Mutter sprach mich darauf an: „Sicher braucht er dich nur, um sein Verhältnis mit dieser verheirateten Frau zu tarnen." Sie überlegte eine Weile und fuhr fort: „Ein ehemaliger Offizier mit Abitur, du wolltest schon immer hoch hinaus. Das hast du nun davon."

„Ich brauche jemanden, der ab und zu Zeit für mich hat und mir zuhört", sagte ich.

Was jetzt kam, hörte ich nicht zum erstenmal: „Du spielst wieder einmal die Unverstandene und bist unzufrieden und undankbar. Wenn deine Geschwister auch so wären, müßte ich verzweifeln!"
Früher war ich nach solchen Vorwürfen traurig, doch allmählich hatte ich mich daran gewöhnt, als schwarzes Schaf der Familie zu gelten.

Mit dem Aschermittwoch endete die Ballsaison. Es wurde wärmer und blieb länger hell. An Bäumen und Büschen zeigten sich grüne Spitzen.
Auf langen Spaziergängen erzählte Reinhard von seiner Heimat. Seine Eltern lebten in Strasburg in der Uckermark, ungefähr 150 Kilometer nördlich von Berlin. Seit fast einem Jahr hatte er nichts von ihnen gehört. In regelmäßigen Abständen schrieb er Briefe, von denen manche zurückkamen und die anderen anscheinend verlorengingen, denn es kam keine Antwort. Reinhard tröstete sich damit, daß aus der Ostzone ganz allgemein wenig Post kam.

Am liebsten sprach er vom Bauernhof seiner Großeltern in einem Dorf in der Nähe von Neustettin in Pommern. Schon als Kind, aber auch später als Soldat hielt er sich am liebsten dort auf. Seine ganze Zuneigung galt seinem Großvater, von dem er stundenlang erzählen konnte.

Die Großmutter war eine strenge Frau. Ihr Mann, der gerne einen Korn trank, mußte manchen Vorwurf einstecken, deshalb hielt er sich heimlich eine kleine ‚Kornkammer mit feuchtem Inhalt', von der niemand, am allerwenigsten die Großmutter, etwas ahnte.

Fuhr er mit dem Kutschwagen und seinem treuen Pferd Liesl nach Neustettin, so trug er die Lodenjacke über dem Arm, bis ihn die Großmutter nicht mehr sehen konnte. Reinhard, der ihn oft begleitete, wußte warum. In der Brusttasche steckte ein Flachmann mit dem köstlichen Inhalt. Im Hof steckte Großvater sich eine dicke Zigarre an. Hinter dem Dorf entfernte er die Glut und verwahrte das teure Stück sorgfältig in seiner Jackentasche. Hin und wieder gönnte er sich einen Schluck aus der kleinen Flasche. Vor Neustettin holte er die Zigarre wieder hervor und rauchte sie genüßlich zu Ende. Er benahm sich in der Stadt wie ein Großbauer und wurde auch so behandelt.

Waren die Besorgungen erledigt, kehrte er meistens bei seinem Vetter Klunkwitz ein. Viel gab es zu erzählen und man saß dabei nicht auf dem Trockenen. Oft machte sich Großvater erst auf den Heimweg, wenn es schon dämmrig und kühl war. Befand sich Reinhard in seiner Gesellschaft, dann durfte jetzt auch er einen kleinen Schluck aus dem Flachmann nehmen. War die Flasche geleert, schlief der alte Herr meistens ein, doch sein treues Pferd wußte, wohin es traben mußte, auch wenn die Zügel schlaff herunterhingen. Verschlief er die Ankunft auf dem heimatlichen Hof, verkündete es durch lautes Wiehern, daß es in seinen Stall wollte.

Eines Tages fuhr Großvater zu Vetter Klunkwitz. Dieser sollte seine Kriegervereinsmütze aufsetzen und ihn auf einer kleinen Spazierfahrt begleiten. Verwundert schüttelte Klunkwitz den Kopf, weil er aber nichts Besseres vorhatte, willigte er ein.

In einem Nachbardorf, einige Kilometer entfernt, hielten sie vor einem kleinen Anwesen, dessen Besitzer Großvater seit längerer Zeit einen größeren Geldbetrag schuldete. Klunkwitz blieb auf dem Kutschwagen sitzen, Großvater trat in das Haus. Es dauerte nicht lange, da ging die Tür auf und eine laute Stimme ertönte.

„Gerichtsvollzieher! Kümm as rinna!"

Noch ehe der Vetter begriffen hatte, daß er gemeint war, wurde die Türe wieder geschlossen, und kurze Zeit später nahm Großvater mit zufriedenem Lächeln auf dem Wagen Platz. Die beiden feierten die erfolgreiche Geldeintreibung im Dorfkrug, ehe sie sich vergnügt auf den Heimweg machten.

Den Großvater, den Bauernhof und Pommern wollte ich unbedingt kennenlernen. Wehmütig dachte ich an die Zeit zurück, in der man reisen konnte, wohin man wollte.

Vorerst erforschte ich mit Reinhard die engere Heimat. Auf einem unserer Spaziergänge entdeckten wir an der Isar ein verschwiegenes Plätzchen, das uns besonders gut gefiel.

Der August brachte Badewetter. Ich lag schon in der Sonne, als Reinhard kam. Schweigend kleidete er sich um, dann legte er sich neben mich und angelte einen Brief aus der Tasche seiner Hose, die neben ihm auf einem Stein lag.

„Meine Mutter hat geschrieben."

„Du scheinst nicht sehr begeistert zu sein."

„Hör zu! ‚Lieber Reinhard! Gestern kam Dein Brief vom 2. Juli hier an. Wir sind froh, daß Du den Krieg gesund überstanden hast. Uns geht es soweit gut. Unsere Wohnung ist heil geblieben. Von unseren Möbeln wurde einiges beschlagnahmt. Vater hat die Reparaturwerkstätte wieder aufgemacht. Er muß hart arbeiten. Wir sind nicht mehr die Jüngsten, und den Betrieb führt Vater doch nur für Dich weiter. Es wird also Zeit, daß Du so schnell wie möglich nach Hause kommst. Es sind schon Heimkehrer aus dem Westen hier eingetroffen. Wir erwarten Dich bald. Herzliche Grüße, Deine Eltern'."

„Willst du wirklich in die Ostzone?"

„Mir wird nichts anderes übrig bleiben. Vaters Reparaturwerkstatt für Autos und Landmaschinen ist immer gut gegangen. Daraus läßt sich was machen. Hilfsarbeiter wie hier kann ich immer wieder werden."

Ich schwieg. Im Betrieb arbeiteten ehemalige Soldaten aus Norddeutschland, von denen vorläufig keiner in die Ostzone zurückkehren wollte. Es schien, als hätte Reinhard meine Gedanken erraten: „Ich werde mich genau erkundigen, was drüben los ist. Überstürzt wird nichts. Komm mit ins Wasser!"

Um die Wette versuchten wir, gegen die kalte Strömung zu schwimmen, bis uns die Luft knapp wurde. Als wir wieder auf den Steinen lagen, grübelte Reinhard schweigsam vor sich hin, und ich sah ihm an, daß er in seinen Überlegungen keinen Schritt weiter kam, auch in den nächsten Tagen nicht.

Da beschloß er, seinen ehemaligen Kommandeur zu besuchen, der in einem Münchner Vorort wohnte. Ich begleitete ihn.

Baron Hohenberg freute sich jedesmal, wenn er Angehörige seines ehemaligen Regiments sah.

Als nach Kriegsende die Amerikaner im Internierungslager Ghedi in Italien begonnen hatten, in den Westzonen beheimatete deutsche Soldaten zu entlassen, hatte der Oberstleutnant allen, deren Heimat in der Ostzone lag, gestattet, seine Adresse als Heimatanschrift zu verwenden, damit sie ebenfalls entlassen werden konnten.

In den ersten Monaten glich seine Wohnung einem Durchgangslager. Auch Reinhard war auf diese Weise nach Bayern gekommen.

Der Baron begrüßte uns und legte seinen Arm um Reinhards Schultern. „Kommen Sie herein. Meine Schwester hat köstlichen Kaffee gebraut. Der Himmel weiß, wie sie an dieses edle Getränk gekommen ist."

Wir gingen ins Haus, und er wandte sich an Reinhard: „Allmählich kommt der Post- und Reiseverkehr mit drüben in Gang. Ich hörte, daß schon Kameraden in ihre Heimat zurückgekehrt sind. Haben Sie Nachricht von Ihrer Familie?"

Reinhard sprach vom Brief seiner Mutter.

Der Baron nippte an seinem Kaffee, dann lehnte er sich zurück und sagte nachdenklich: „Wir haben einen Krieg verloren. Hier herrschen die Amerikaner. Drüben machen die Russen ihren Einfluß geltend. Die einen haben ihren Kapitalismus, der die Reichen reicher und die Armen ärmer macht, die anderen den Kommunismus: der Staat nimmt, der Staat gibt. Das lähmt Eigeninitiative und Leistungswillen. Keine dieser Staatsformen ist für uns geeignet."

Reinhard pflichtete ihm bei: „Wir werden noch lange damit beschäftigt sein, die Scherben wegzukehren. Der Aufbau einer Existenz wird überall gleich schwierig sein."

Als wir uns verabschiedeten, war er so unschlüssig wie zuvor. Sollte er sich für seine Eltern oder für mich entscheiden?

Am nächsten Morgen – keine Viertelstunde war vergangen, seit wir uns auf dem Fabrikhof getrennt hatten – öffnete Reinhard die Tür zum Lohnbüro und bat mich in den Flur. Er war in das Personalbüro gerufen worden, wo man ihm eine Stelle in der Warenkontrollabteilung angeboten hatte, was eine Erhöhung des Stundenlohnes und eine spätere Übernahme in das Angestelltenverhältnis versprach. Reinhard zog mich an sich und erklärte: „Das ist eine tolle Chance! Jetzt bleibe ich in Bayern!"

Ich schaute mich um, sah, daß wir allein waren und drückte ihm einen herzhaften Kuß auf den Mund, heilfroh über diese Entscheidung, denn in den Stunden seiner Unentschlossenheit hatte ich erkannt, wieviel er mir bedeutete. Ich konnte mir ein Leben ohne ihn gar nicht mehr vorstellen.

Gleich am Abend schrieb er einen langen Brief an seine Eltern. Ich fuhr allein nach Ebenhausen. Auf dem Heimweg kamen mir meine beiden jüngsten Schwestern entgegen und riefen schon von weitem: „Der Papa hat geschrieben!"

Ich rannte los und hastete die Treppe hinauf in die Küche. Mutter reichte mir die Karte. Vater schrieb, daß er gesund sei und von den Orgelpfeifen erwarte, daß sie die Mutter unterstützten und gehorsam seien. Endlich besaßen wir Vaters Adresse. Mutter antwortete noch am selben Abend.

Schon am folgenden Tag vertauschte Reinhard den Monteuranzug mit einem hellen Werkstattmantel. Die Kollegen nahmen ihn freundlich auf, und die neue Arbeit war leicht und sauber.

Mit Reinhards Hilfe hoffte auch ich, einen besseren Arbeitsplatz zu finden. Nach Feierabend studierten wir Zeitungsinserate und schrieben Bewerbungen. In den schönsten Farben malten wir uns die gemeinsame Zukunft aus. Wenn ich genug Geld verdiente, konnte Reinhard, der gleich nach dem Abitur eingezogen worden war, vielleicht sogar studieren.

Keine Woche war vergangen, da kam die Antwort aus Strasburg. Im Zug, als wir gemeinsam nach Ebenhausen fuhren, öffnete Reinhard den Briefumschlag und seine Miene verdüsterte sich. Als er die ersten Zeilen laut las, landete die rosarote Wolke, auf der ich schwebte, unsanft auf der Erde: „Vater ist krank. Sein Herz ist kaputt. Er ist allein nicht in der Lage, den Betrieb zu führen. Ich habs im Magen. Wir wissen nicht, wie es weitergehen soll."

Der Brief war sehr lang und Reinhard las schweigend weiter, bis er den Kopf schüttelte.

„Hör dir das an! Das ist doch die Höhe! ‚Du hast also ein bayerisches Mädchen. Sind dort nicht alle Leute katholisch? Mit ihren achtzehn Jahren wird sie von der Hauswirtschaft nicht allzuviel Ahnung haben. Es ist doch wohl nichts Ernstgemeintes?'

„Das, liebe Eltern, müßt ihr schon mir überlassen!" flüsterte er, denn wir waren nicht allein im Abteil.

Während er den Brief zusammenfaltete, sagte er traurig: „Mein Großvater ist gestorben. Er hat den Verlust der Heimat und die Strapazen der Flucht nicht überlebt."

An diesem Abend gingen wir nicht gleich nach Hause. Auf einem langen Spaziergang versuchten wir, einen Ausweg zu finden. Reinhard meinte: „Ich kenne meine Mutter. Es ist durchaus möglich, daß sie diese Krankheiten nur erfunden hat, um ihren Kopf durchzusetzen. Andererseits, wenn meine Eltern wirklich krank wären, würde ich mir ewig Vorwürfe machen, wenn ich sie im Stich ließe."

Meine Mutter und die Geschwister saßen beim Abendessen, als Reinhard ihnen eröffnete, daß er die Absicht habe, seine Stellung aufzugeben und so schnell wie möglich in die Uckermark zurückzukehren.

Er zog Erkundigungen ein. Weil es nicht erlaubt war, besuchsweise in die Ostzone zu reisen, mußte er Rückführungspapiere beantragen und sich polizeilich abmelden. Wer drüben war, erhielt keine Ausreisegenehmigung nach Westdeutschland mehr. Verließ er also Bayern, so hieß es, auf unbestimmte Zeit Abschied zu nehmen.

Reinhard kündigte seine Stellung und besorgte sich im Flüchtlingsamt die erforderlichen Papiere. Dann meldete er sich polizeilich ab und nach einem letzten Besuch bei Baron Hohenberg fuhr er noch einmal mit mir nach Ebenhausen.

Mutter und Geschwister ernteten in unserem Garten Gemüse und Kartoffeln; wir waren allein.

Ich vermied es, Reinhard anzusehen, weil mir Tränen über die Wangen liefen. Er nahm mein Gesicht in beide Hände und küßte mich.

„Igittigitt, die schmecken aber salzig", versuchte er zu scherzen.

Ich schlang die Arme um seinen Hals. „Was soll bloß aus uns werden!"

Er zog mich an sich. „Ich hab auch schon darüber nachgedacht. Mir ist etwas eingefallen. Wir verloben uns einfach", schlug er vor", jetzt, hier, ganz für uns allein, und wenn ich drüben bin, versuchen wir, so schnell wie möglich wieder zusammenzukommen. Was hältst du davon?"

Er warf einen vielsagenden Blick auf die Türe zu dem Zimmer, in dem ich mit meinen Schwestern schlief.

Was meine sexuelle Aufklärung betraf, so hatte ich von meiner Mutter lediglich erfahren, daß ein anständiges Mädchen den Mann, mit dem es sich einläßt, auch heiratet. Weiterreichende Kenntnisse verdankte ich einem einschlägigen Buch, das ich auf dem Speicher gefunden und heimlich gelesen hatte. Danach versteht es ein liebender Mann, das Verlangen der Partnerin durch allerlei kleine Raffinessen zu wecken.

Nichts dergleichen geschah, es ging alles sehr schnell. Reinhard meinte danach, ich müsse noch einiges lernen, aber das wolle er mir schon beibringen.

Ich saß auf dem Bett, kleidete mich an und überlegte, ob ich nur gehemmt oder von Natur aus kühl war, denn ‚trunken vor Wonne', wie es in Liebesgeschichten geschrieben stand, fühlte ich mich ganz und gar nicht. Dabei besaß ich viel Sinn für Schwärmereien und liebte es zum Beispiel über alles, im Mondschein händchenhaltend spazierenzugehen.

An diesem letzten Abend vor Reinhards Abreise nützten wir die Gelegenheit dazu noch ausgiebig.

Sein Zug fuhr am Spätnachmittag des anderen Tages. Er erwartete mich nach Dienstschluß im Baierbrunner Bahnhof. Nur wenige Leute standen an diesem trüben Oktobertag auf dem Bahnsteig Richtung München. Wir hielten uns an den Händen, bis der Zug kam.

„Es bleibt dabei", sagte Reinhard und schaute mir in die Augen, ehe er in das Abteil stieg.

Der Stationsvorsteher hob die Kelle, und wir winkten uns zu, bis der Zug hinter einer Kurve verschwunden war.

Daheim richtete ich Grüße von Reinhard aus.

„Ein Glück, daß dieses Techtelmechtel endlich vorbei ist", meinte Mutter, „du bist für eine feste Bindung noch viel zu jung".

Die nächsten Tage verliefen eintönig. Mechanisch verrichtete ich meine langweilige Arbeit im Büro und fuhr abends wieder pünktlich nach Hause.

Kollegen und Nachbarn spöttelten über meinen plötzlich verschwundenen Liebhaber, und es kostete mich große Mühe, wenigstens ein einigermaßen freundliches Gesicht zu zeigen.

Doch dann – seit seiner Abreise war noch keine Woche vergangen – kam sein erster Brief. Aus jeder Zeile spürte ich, daß sich an seinen Gefühlen nichts geändert hatte. Ich war fester denn je entschlossen, ihm nach Strasburg zu folgen und studierte die Notizen über den Verlauf seiner Reise ganz genau.

Der überfüllte Zug war im Münchner Hauptbahnhof pünktlich abgefahren. Reinhard hatte seinen Platz an eine alte Frau abgetreten. Während der Fahrt stand er im Gang, wo er hin und wieder ein Fenster öffnen konnte und der Geruch nach Schweiß, ungepflegter Kleidung und billigem Tabak nicht ganz so unerträglich war.

Gegen Morgen erreichte der Zug Hof. Die Ostzonenreisenden folgten einem Hinweisschild, das sie in einen kahlen Raum führte, wo ihnen zwei Beamtinnen Ausweise und Reisepapiere abnahmen. Nach einer verschwenderischen Behandlung mit Ungezieferpuder aus der Sprühdose wies man sie in ein Barackenlager ein. Erst wenige Stunden vorher war ein Grenztransport abgefertigt worden. Bis zum nächsten Abfahrtstermin verbrachten sie zwei Tage in Zimmern mit harten Bettkästen, dünnen Matratzen und nach einem widerlichen Desinfektionsmittel riechenden Decken. Nur der Lagerkoch, ein Meister seines Fachs, gestaltete den Aufenthalt etwas erträglicher.

In Güterwagen, die mit einfachen Holzbänken ausgestattet waren, traten die Reisenden die Weiterfahrt an. Drei Stunden dauerte die Abfertigung am Grenzpunkt Gutenfürst, ehe der Zug sich wieder in Bewegung setzte.

In Leipzig händigten Angehörige des Zugpersonals den Berlinfahrern ihre Papiere aus, die Ostzonenreisenden wurden in ein Quarantänelager eingewiesen. Reinhard mischte sich unter die Berlinreisenden und erhielt seine Papiere ebenfalls. Er stieg in den Zug, ehe der kleine Schwindel bemerkt wurde, und setzte so seine Reise fort. Vom Anhalter Bahnhof fuhr er zum Stettiner Bahnhof, wo er nach einer Stunde Aufenthalt Anschluß nach Pasewalk fand. Die 18 Kilometer von dort nach Strasburg hatte Reinhard während seiner Soldatenzeit öfter zu Fuß zurückgelegt. Diesmal wartete er drei Stunden, ehe er weiterfahren konnte.

Über die Einstellung seiner Eltern zu einer angehenden Schwiegertochter erfuhr ich in diesem Brief jedoch nichts. Auf meine diesbezügliche Frage bekam ich postwendend Antwort.

Frau Osswald war von unseren Zukunftsplänen nicht sonderlich begeistert. Allerdings duldete sie auch nicht, daß Reinhard in seinem Bekanntenkreis ein Zimmer für mich suchte und so versprach sie, wenn auch widerwillig, mich aufzunehmen. Sein Vater freute sich auf mein Kommen. Er hoffte auf meine Mithilfe in seiner Buchführung.

Ich spürte ein Unbehagen. Mit Müttern schien ich kein Glück zu haben. Aber in Strasburg war Reinhard bei mir, das gab den Ausschlag. Außerdem nahm ich mir fest vor, alles zu versuchen, um die Sympathie seiner Mutter zu gewinnen.

Zunächst galt es jedoch zu warten; er hatte noch keine Arbeitsstelle. Als ehemaliger Offizier mußte er sich „entmilitarisieren" lassen. Zwar konnte er damit rechnen, daß er wie in Bayern unter die Jugendamnestie fallen würde, aber dieses Verfahren kostete Zeit.

Zuhause erwähnte ich Reinhards Namen nicht mehr und im Betrieb erst recht nicht. Ganz im Gegenteil; um den schadenfrohen Bemerkungen ein Ende zu setzen, kokettierte ich hin und wieder mit männlichen Kollegen.

Anfang November – nun kannte ich Reinhard schon ein Jahr – nahm Maria die Personalien eines jungen Mannes auf, der mich nicht aus den Augen ließ. Ich sortierte gerade Akkordzettel ein und hörte seine Antworten. Leitner, so hieß er, studierte vor seiner Einberufung zur Wehrmacht an der Kunstakademie und wollte in der Firma Wieland bis zur Wiederaufnahme seines Studiums Geld verdienen.

Es war mir ganz recht, daß wir uns oft begegneten und harmlos miteinander plauderten, bis er eines Tages sagte:

„Sie sind mit Abstand das hübscheste Mädchen in diesem Laden. Ich würde Sie gerne näher kennenlernen."

Ich sagte ihm, daß ich schon vergeben sei, was unserer Bekanntschaft allerdings fortan keinen Abbruch tat, und sicher manchen glauben machte, ich hätte einen neuen Freund gefunden. Dabei dachte ich nur an Reinhard, rannte abends nach Hause und war selig, wenn auf dem Küchenschrank ein Brief von ihm lag.

Es war Mitte November, da kamen zwei Briefe hintereinander, der zweite war nur kurz: „Lieber Schatz! Soeben habe ich von der Stadtverwaltung die Mitteilung bekommen, daß ich – wenn zunächst auch nur aushilfsweise – am 15. November in der Landwirtschaftsabteilung anfangen kann. Wenn ich den Entmilitarisierungsbescheid vorlege, werde ich fest angestellt. Wann soll ich Dir die Zuzugsgenehmigung schicken? Innigst, Dein Reinhard. Grüße an alle."

Ich las das Brieflein noch einmal, diesmal laut.

Das Gesicht meiner Mutter verfinsterte sich. „Sag mal, du bist wohl von allen guten Geistern verlassen! Wegziehen willst du! Das kommt überhaupt nicht in Frage!"

Ich war verzweifelt. „Ich bin doch kein kleines Kind mehr. Soll ich denn für den Rest meines Lebens Akkordzettel abziehen und mit den Hühnern schlafen gehen? Laßt mich doch endlich einmal das tun, was mir Freude macht!" Meine kleineren Geschwister, die sonst keine Gelegenheit versäumten, mich zu verspotten, wenn ich weinte, schwiegen. Ich war ruhiger geworden. „Wir wollen uns ganz einfach eine Existenz aufbauen. Das ist doch nichts Schlimmes! Vielleicht kommt die Wiedervereinigung bald, dann ist die ganze Aufregung umsonst."

Mutter seufzte: „In Gottesnamen. Tu was du willst. Aber komm nicht zu mir, wenns schiefgeht."

Ich holte einen Kalender und begann zu rechnen. Wenn ich meinen Urlaub Anfang Dezember antrat, hatte ich, die Weihnachtsfeiertage eingerechnet, über vier Wochen Zeit. Im Betrieb wollte ich mit niemandem über meine Reise sprechen, denn wenn etwas Unvorhergesehenes dazwischenkam, konnte ich Anfang Januar meine Arbeit wieder aufnehmen. Lief alles wie geplant, wollte ich von Strasburg aus mein Dienstverhältnis kündigen.

Reinhard war mit meinem Plan einverstanden. Seine Eltern bestanden jedoch darauf, daß wir uns an Weihnachten offiziell verlobten, um moralische Bedenken der Nachbarn zu zerstreuen. Doch ehe es soweit war, hatte ich noch einige Schwierigkeiten zu überwinden.

Meine Tätigkeit in der Firma Wieland war so unbedeutend, daß sowohl Frau Dörfler als auch die Personalabteilung meinen Urlaub sofort genehmigten.

Der Sachbearbeiter im Flüchtlingsamt schüttelte den Kopf, als ich die Zuzugsgenehmigung aus Strasburg vorlegte und einen Rückführungsausweis beantragte. Er meinte, ich sähe gar nicht aus wie eine Abenteurerin.

Mutter, die sich damit abgefunden hatte, daß ich diesmal meinen Kopf um jeden Preis durchsetzen würde, half nach Kräften beim Packen. Sie hatte Frau Schattner, die langjährige Hausschneiderin, bestellt. Drei Wolldecken, aus einem Zug „organisiert", wurden aus einem Versteck geholt. Ein schicker Mantel und eine Skihose entstanden daraus. Ein dunkles Kleid, das Mutter nicht mehr trug, verwandelte sich unter Frau Schattners geschickten Händen in ein Festtagskleid. Meine Geschwister interessierten sich plötzlich für mich und nahmen mir das Versprechen ab, über meine Erlebnisse genau zu berichten. Jetzt zeigte meine Familie die Zuneigung, nach der ich mich jahrelang vergeblich gesehnt hatte. Ich fühlte, daß der Abschied schwer werden würde.

Reinhards Reisenotizen legte ich zu meinen Papieren. Andere Briefe und persönliche Gegenstände, die mir etwas bedeuteten, packte ich in einen großen Umschlag und versteckte sie vor meinen neugierigen Geschwistern auf dem Speicher.

Dann kam mein letzter Arbeitstag. Die Kollegen und Kolleginnen wußten zwar von meinem Urlaub, daß ich jedoch schon am Abend dieses Tages verreisen würde, ahnte niemand.

In der Mittagspause trat Leitner an unseren Tisch in der Kantine und legte eine kleine Papierrolle neben mein Gedeck. „Ich wünsche Ihnen schöne Ferien", sagte er und ging zu seinem Platz zurück.

Die Kolleginnen hätten zu gerne einen Blick auf das Blatt getan, doch ich öffnete das Bändchen erst im Lohnbüro. Mit wenigen Strichen hatte der angehende Maler mein Gesicht skizziert. Ich schaute lange auf das Bild und fand es nicht nur überraschend ähnlich, sondern auch recht schmeichelhaft für mich.

Maria schaute mir über die Schulter und sagte aufatmend: „Na endlich!"

„Was heißt hier ‚na endlich'?" wollte ich wissen.

„Gibs doch zu, daß du bei dem Leitner Feuer gefangen hast. Ich freu mich für dich! Sei froh, daß du diesen Osswald vergessen hast. Jetzt kann ich es dir ja sagen. Bevor der abgereist ist, hat es bei der Scholz einen herzzerreißenden Abschied gegeben. Sie soll sogar geheult haben. Und jetzt legt der Postbote jede Woche mindestens einen Brief von ihm auf die Treppe. Ich weiß es von den Leuten, bei denen die Scholz wohnt."

Zuerst hielt ich Marias Neuigkeit für ein Gerücht. Dann stiegen doch Zweifel in mir auf. Aber je unsicherer ich wurde, um so klarer wurde mir, daß ich meine Reise nicht mehr verschieben konnte. Der Rucksack war gepackt, die Fahrkarte lag bei meinen Papieren und dem Ausweis im Nachtkästchen, wenn meine Geschwister nicht gerade damit spielten. Ich besaß ja nicht einmal eine Schublade, die man verschließen konnte. Wenn mich jetzt mein Mut verließ, ging das bißchen Achtung, das ich daheim genoß, auch noch verloren. Ich nahm mir vor, gleich beim Wiedersehen mit Reinhard Klarheit zu schaffen. Dann fuhr ich nach Hause und versteckte auch die Zeichnung. Zum Abendessen blieb keine Zeit mehr. Mutter packte mir ein paar belegte Brote ein, dann schloß sie mich in ihre Arme. Obwohl ich mir vorgenommen hatte, nicht zu weinen, purzelten dicke Tränen über mein Gesicht.

„Schreib gleich!" rief Ursula. Ich brachte kein Wort heraus, nickte nur und ging.

Der Bahnhof war menschenleer und auch im Zug nach München saßen nur Fremde. Ich war froh, denn mir war nicht danach zumute, neugierige Fragen zu beantworten.

Im Hauptbahnhof in München war es dunkel und so kalt, daß der Atem zu kleinen Wölkchen gefror. Ich spürte die Kälte nicht, denn mein neuer Mantel war molligwarm. Dankbar dachte ich an meine Mutter, spürte aber kein Heimweh, die Hektik in dem großen Bahnhof hatte mich angesteckt.

Im Zug nach Hof gab es genügend Sitzplätze, und aus den Gesprächen der Mitreisenden war zu hören, daß auch sie in die Ostzone reisen wollten.

In Hof fand ich alles, wie Reinhard es beschrieben hatte. Nach der Entlausung wurden wir in ein Barackenlager eingewiesen, wo wir erfuhren, daß die Weiterreise bereits am nächsten Morgen um zehn Uhr erfolgen sollte.

Nach einer unruhigen Nacht ging ich hinunter zum Gleis. Der Güterzug stand schon bereit, ich suchte den Wagen Nr. 8, dem ich zugeteilt war und kletterte hinein. An den Seitenwänden standen primitive Holzbänke. Durch ein kleines Fenster fielen ein paar Sonnenstrahlen auf die rauhen Bodenbretter. Ich stieg auf die Bank und schaute hinaus. Damit ich mich auch während der Fahrt ein wenig orientieren konnte, nahm ich unter dem Fenster Platz.

Ein Mann kam, er mochte Mitte Vierzig gewesen sein, gefolgt von seinem Sohn, der in meinem Alter war. Dann schwang sich ein jüngerer Mann auf das Trittbrett; an Kleidung und Gepäck war zu erkennen, daß er aus der Kriegsgefangenschaft heimkehrte. Keuchend schob sich danach ein Schwergewichtiger, ungefähr Ende Dreißig, in den Wagen, zuletzt erschien eine junge Frau.

Der Heimkehrer schaute mich an.

„Wo fahren Sie denn hin, kleines Fräulein?"

„Zu meinem Verlobten."

„Der Herr Verlobte muß ein schöner Kavalier sein, wenn er ein so süßes kleines Mädel diese gefährliche Reise allein machen läßt."

„Der Herr Verlobte weiß, daß das süße kleine Mädel recht kratzbürstig sein kann, wenns drauf ankommt."

Der Vater des Jungen schaltete sich ein: „Es gibt überall Menschen, denen sich ein junges Mädchen anvertrauen kann."

Ich warf ihm einen dankbaren Blick zu.

Wenige Minuten nach der Abfahrt hielt der Zug. Die Türen wurden wieder geöffnet; wir waren in Gutenfürst, der Grenzstation angekommen.

„Wir sollten uns ein wenig bewegen", sagte die junge Frau, „so wie ich die Sache sehe, sitzen wir noch eine Ewigkeit in diesem Viehwagen."

Wir stimmten ihr zu und sprangen hinaus, gingen auf und ab, machten Kniebeugen und rieben uns die Hände.

Die Arbeit der Kontrolleure nahm Stunden in Anspruch. Endlich wurde das Signal hochgezogen und die Fahrt ging weiter. Eine Weile herrschte Schweigen, dann wandte sich der Heimkehrer wieder an mich.

„Ich heiße Heinz."

„Ich Monika."

„Mein Name ist Weber. Martin Weber und das ist mein Sohn Martin."

Der sympathische Herr und sein Sohn saßen mir gegenüber. Der Dicke und die junge Frau unterhielten sich angeregt und nahmen keine Notiz von uns.

Weber holte eine Decke aus seinem Gepäck und legte sie um sich und seinen Sohn. Heinz löste die Verschnürung von seiner Decke und sagte zu mir: „Komm mein Mädchen! Zu zweit ists wärmer."

Ich zögerte. Er mußte meine Gedanken erraten haben, denn er meinte lächelnd: „Ich habe jahrelang auf meine Frau gewartet. Jetzt halte ichs die paar Stunden auch noch aus. Zufrieden?" Ich nickte. Er rückte näher und zog die Decke um unsere Schultern.

Die Sonne ging langsam unter, und durch das kleine Fenster fiel nur noch ein trüber Lichtschein. Der Dicke und die junge Frau hatten sich in die dunkelste Ecke zurückgezogen. In das gleichmäßige Rattern der Räder drang das Kichern der jungen Frau. Ich schlief ein.

Plötzlich stießen die Puffer krachend gegeneinander, und der Zug hielt. Wir saßen im Dunkeln. Draußen waren Stimmen zu hören. Nach einer Weile wurde die Türe aufgeschoben, und schwaches Licht fiel in den Wagen.

„Ehemalige Wehrmachtsangehörige fahren weiter ins Quarantänelager nach Leipzig. Zivilisten aussteigen!" rief eine laute Stimme. Niemand forderte die Berlinreisenden auf, ihre Papiere abzuholen, wie Reinhard es beschrieben hatte.

Ich stand auf. Heinz hielt mich auf: „Was willst du denn hier in dieser gottverlassenen Gegend. Komm doch mit!" Ich zögerte.

„Ich war Zahlmeister. Da muß ich wohl weiterfahren", meinte der Dicke. Die junge Frau lachte. „Das trifft sich prima! Ich war Wehrmachtshelferin."

Weber und sein Sohn nahmen ihr Gepäck und kletterten aus dem Wagen. Ich schnallte meinen Rucksack an, verabschiedete mich von Heinz und sprang ebenfalls hinaus.

Eine lange Menschenreihe mit Rucksäcken, Kartons, Taschen und Wäschebündeln bewegte sich auf ein kleines Verwaltungsgebäude zu, und da erfuhren wir, daß wir uns in Riesa befanden.

Quarantäneausweise wurden ausgegeben. Anschließend mußten wir uns in einem Vorraum entkleiden, dann wurden wir in eine große Duschkabine geführt. Unter dem kräftigen Warmwasserstrahl spürte ich ein angenehmes Prickeln auf der Haut. Durch eine Türe auf der gegenüberliegenden Seite kamen wir in eine Kammer und fanden dort Kleider und Gepäckstücke wieder, die inzwischen desinfiziert worden waren. Eilig zogen wir uns an, denn aus dem Duschraum drangen die Stimmen der nächsten Gruppe, es waren Männer. Am Ausgang warteten wir.

Vierundzwanzig Stunden war ich nun schon unterwegs und wußte nicht, welche Strapazen mir noch bevorstanden. Fast wäre ich im Stehen eingeschlafen zwischen all den erschöpften Gestalten, bis deren monotones Gemurmel von einer Durchsage unterbrochen wurde: „Melden Sie sich bitte im Umsiedlerlager Lackfabrik!" Die folgende Wegbeschreibung konnte ich nicht verstehen, so folgte ich eben dem müden Haufen, der sich langsam in Bewegung setzte.

In einer kleinen Straße blieb ich unter einer Laterne stehen, deren mattes Licht auf ein hübsches Landhaus mit einem kleinen Vorgarten fiel. Im ersten Stockwerk war ein Fenster erleuchtet, und ich versuchte, mir vorzustellen, was hinter dem dunkelroten Vorhang vorging. Vielleicht wohnte hier ein achtzehnjähriges Mädchen, das einen Beruf ausübte, den es liebte, und das seine Freizeit mit netten Menschen verbrachte. Wer auch dort oben wohnte, der war daheim. Und ich lief mutterseelenallein durch eine fremde Stadt und hatte alle Brücken hinter mir abgebrochen. Ich weinte, daß es mich schüttelte.

Weber legte seine Hand auf meine Schulter. „Kommen Sie", sagte er, „sonst sind die besten Plätze weg."

In dem ehemaligen Fabrikgebäude wurden wir in einen großen Saal geführt. An den Wänden standen mit Strohsäcken gefüllte Holzkästen, jeweils zwei nebeneinander und zwei übereinander. Auf jedem Bett lag eine dicke Wolldecke. Lange Tische und Bänke aus grobem Holz vervollständigten die Einrichtung des Saales. Der Block D, der den Webers und mir zugewiesen wurde, befand sich an der schmalen Rückseite des Raumes, der an dieser Seite keine Fenster hatte. Weber belegte drei der oberen Betten und schlug vor, daß ich unmittelbar an seiner Seite schlafen sollte. Zwischen seinem Bett und dem seines Sohnes lag ein schmaler Gang.

Ich verstaute Rucksack und Mantel am Fußende meines Lagers, zog die Schuhe aus und setzte mich im Schneidersitz auf die graue Decke. Ich zählte die Bettreihen, es mochten wohl hundertfünfzig Schlafstellen gewesen sein.

Die Heizkörper unter den Fenstern strahlten Wärme aus. An dieser Seite des Saales fanden sich Frauen mit kleinen Kindern ein. Viele Babys waren darunter. Ihr Geschrei verlor sich in dem großen Raum.

Immer mehr Männer, Frauen und Kinder in allen Altersgruppen

drängten herein und versuchten, sich auf dem ihnen zugeteilten kleinen Platz so gut wie möglich einzurichten.

Der Lagerleiter erschien. Nach einer kurzen Begrüßung erklärte er den Zweck der vierzehntägigen Quarantäne, gab Impftermine bekannt und welche Küchenhilfsdienste und Saalreinigungsarbeiten von den Lagerbewohnern verrichtet werden müßten. Schließlich verfügte er, daß abends um zehn Uhr das Licht auszuschalten sei.

Von einer Glühbirne an der Decke fiel das Licht kreisförmig auf die darunterstehenden Tische, der größte Teil des Raumes lag im Halbdunkel. An diesem ersten Abend waren die meisten Umsiedler längst eingeschlafen, als die Beleuchtung ausgeschaltet wurde.

Als ich am nächsten Morgen in das Lagerbüro kam, um nach Postkarten und Briefmarken zu fragen, herrschte dort schon großes Gedränge. Viele Reisende wollten ihren Angehörigen so schnell wie möglich Kenntnis von ihrem unfreiwilligen Aufenthalt geben. Auf einer Fensterbank im Flur, gleich neben dem Briefkasten, schrieb ich eine Postkarte an Reinhard und eine an meine Mutter. Dann erforschte ich das Gelände.

In dem unbeheizten Waschraum für Frauen gab es nur kaltes Wasser, und nur wenige der Anwesenden entkleideten sich bei ihrer Morgenwäsche, vor allem auch deshalb, weil man in dieser ungemütlichen Kabine nie allein war. Noch schlimmer sah es in den Toiletten aus, die in einer Holzbaracke im hintersten Winkel des ehemaligen Fabrikhofes untergebracht waren. Es gab dort keinen Wasseranschluß und der penetrante Gestank, der diesen Einrichtungen eigen ist, wurde durch ein übelriechendes Desinfektionsmittel beinahe noch übertroffen.

In allen Räumen herrschte jedoch Sauberkeit, vor allem in der Küche, wo Frühstück, Mittagessen und Abendbrot ausgegeben wurden.

Tische und Bänke im Saal reichten für die vielen Menschen nicht aus, deshalb nahmen die meisten die Mahlzeiten auf ihrem Strohlager sitzend ein. Das Essen schmeckte nicht schlecht. Mittags gab es Gemüseeintopf mit etwas Fleisch, da durfte man sich sogar einen Nachschlag holen. Die Brotrationen samt Aufstrich und Belag morgens und abends waren dagegen knapp bemessen. Weber brachte mein Essen mit. Mein Beschützer bewachte mich sehr streng, ich befolgte seine Ratschläge und war dankbar, daß ich nicht allein war zwischen den vielen Leuten, von denen manche gar nicht vertrauenerweckend aussahen.

Die große Langeweile begann. Die Männer vertrieben sich die Zeit mit Kartenspielen, Frauen beschäftigten sich mit Handarbeiten. Zeitungen, auch ältere, und anderer Lesestoff gingen von Hand zu Hand.

Junge Leute bauten aus Latten, die sie im Hof gefunden hatten, und Decken auf ihren Betten einen zeltähnlichen Verschlag und vergnügten sich darin auf ihre Weise, bis sich die Bettnachbarn beschwerten und den Lagerleiter riefen, der daraufhin drei junge Mädchen in einen anderen Saal verlegte.

Weber junior kramte ein paar Abenteuerhefte aus seinem Rucksack. Auf meinem Strohsack liegend las ich, da versuchte jemand, mir das Bändchen wegzunehmen. Vor mir stand ein junger Mann. „Was haben wir denn da für ein hübsches Prinzeßchen?"

„Pfoten weg, sonst knallts!" fuhr ihn Weber an.

„War ja nicht bös gemeint", brummte der Fremde und trottelte davon.

Nur zur vormittäglichen Reinigung des Fußbodens, zu der sich wegen der gesteigerten Essenszuteilungen immer genügend Freiwillige meldeten, wurden die Fenster geöffnet. Sonst herrschte meist furchtbar stickige Luft im Saal, so daß ich mit Wonne mehrmals am Tag abwechselnd mit Vater oder Sohn Weber kleine Spaziergänge unternahm.

Es herrschte Frostklima, dunkle Wolken hingen am Himmel, doch es wollte und wollte nicht schneien. Nicht einmal das Wetter erinnerte daran, daß bald Weihnachten war.

Oft gingen wir am Stacheldrahtzaun entlang, der das Lagergelände umgab, und ich dachte an Vater, der nun schon fast zwei Jahre hinter Stacheldraht lebte. In Rußland war es sicher viel kälter als in Riesa, und unsere Unbequemlichkeiten waren ganz gewiß mit denen in einem Arbeitslager für Kriegsgefangene nicht zu vergleichen.

Hier machte die Untätigkeit die Menschen nervös, auch nachts war es unruhig im Saal.

Einmal, als ich nicht schlafen konnte, raschelte es geheimnisvoll im Block D, und ich beugte mich zu meinem Nachbarn hinüber und flüsterte ihm ins Ohr: „Da klaut einer!"

Er lag ebenfalls hellwach und erwiderte halblaut: „Nein, das sind Ratten." Ich fürchtete mich, denn das Geraschel war ganz in meiner Nähe, da leuchtete eine Taschenlampe auf, und eine kräftige Männerstimme ertönte: „So ein Saustall! Ich werde mich beschweren!"

In den folgenden Nächten war es ruhig. Die Lagerverwaltung hatte Gift in die Schlupflöcher gestreut.

Eine kleine Aufregung gab es, als der russische Stadtkommandant seinen Besuch ansagte. Der Fußboden wurde gescheuert, Gepäck und Kleidung mußten vor oder auf den Betten ordentlich gestapelt werden, und der Lagerverwalter wachte persönlich darüber, daß alle seine Anweisungen auch befolgt wurden. Dann kam der große Augenblick. Der Russe stand mitten im Saal, grüßte freundlich nach allen Seiten, tätschelte ein paar Kinder und verschwand so schnell wie er gekommen war. Vater Weber meinte: „Ich dachte immer, diese Quarantäne ist eine Schikane, aber die Russen scheinen tatsächlich zu glauben, daß alles, was aus dem Westen kommt, voller Infektionskrankheiten und Ungeziefer ist."

Sonst wurde die Eintönigkeit des Lagerlebens nur durch gelegentliche Impf- oder Entlausungstermine unterbrochen.

Als mein Lesestoff zur Neige ging, setzte ich mich entweder zu den Männern aus unserem Block an den Tisch, um beim Kartenspielen zuzuschauen, oder ich lag auf meinem Strohsack und starrte auf die Balken an der Decke; vierzehn Holzbalken, für jeden Tag einen.

In der ersten Woche schien es, als sei die Zeit stehengeblieben; ich kam mir vor wie eine Gefangene. Schließlich begann ich auch noch die Stunden zu zählen. Ich konnte den Entlassungstag kaum erwarten.

Nach wie vor bereute ich nicht, mein Elternhaus verlassen zu haben, nur mein Gewissen schlug manchmal, weil meine Mutter nun ohne meine finanzielle Unterstützung auskommen mußte.

Mit bangem Gefühl sah ich der Aussprache mit Reinhard entgegen. Warum hatte er der Scholz öfter geschrieben als mir! Ich dachte oft darüber nach und wünschte sehnlich, daß es dafür eine einfache Erklärung gäbe.

Zwölf Tage waren vergangen, da erschien unerwartet der Lagerverwalter und gab bekannt: „Ein neuer Umsiedlertransport ist angesagt. Wir brauchen Platz. Bitte packen Sie Ihre Sachen zusammen und holen Sie Ihre Papiere in der Verwaltung ab. Sie sind entlassen. Ich wünsche Ihnen eine gute Reise!"

Zehn Minuten später stand ich in der Schlange vor dem Lagerbüro, wo die Papiere ausgegeben wurden, und nach einer weiteren halben Stunde bewegte sich eine Karawane von einhundertfünfzig Männern, Frauen und Kindern in Richtung Bahnhof Riesa.

Der Zug nach Elsterwerda lief ein, mit Vater und Sohn Weber bestieg ich ein leeres Abteil, und wir beschlossen, gemeinsam nach Berlin weiterzureisen.

In Elsterwerda zeigte uns ein Blick auf den Fahrplan, daß der Zug erst in einigen Stunden eintreffen würde, deshalb gingen wir in die Bahnhofsgaststätte, wo Weber für sich und seinen Sohn eine „Molle" bestellte. Ich verlangte ein kleines Bier, und die Männer an der Theke lachten belustigt, weil ich nicht wußte, daß das ein und dasselbe ist. Ich kam mir recht verlassen vor.

Die Gegend war fremd und wenig reizvoll, die Leute redeten in einer ungewohnten Sprache, und die Entfernung zu meiner Heimat wurde immer größer. Um nicht zu zeigen, wie mir zumute war, blätterte ich in den Zeitungen, die auf dem Tisch lagen.

Endlich kam der Zug nach Berlin. Hinter Fenstern und Türen standen die Menschen dichtgedrängt. Weber und Sohn rannten am Zug entlang, ich folgte ihnen, verlor sie aus den Augen, wagte aus Furcht, keinen Platz mehr zu bekommen, nicht mehr, sie zu suchen und öffnete die nächstbeste Abteiltüre.

„Haben Sie bitte Platz für mich?" fragte ich.

„Wenn alle ein wenig zusammenrücken, geht es schon", hörte ich eine Frauenstimme sagen. Ein Mann nahm meinen Rucksack und beförderte ihn in ein Gepäcknetz. Wieder hörte ich die Stimme: „Kommen Sie zu mir! Hier können Sie besser stehen."

Während sich der Zug in Bewegung setzte, gaben die Umstehenden mir den Weg frei. Neben der Türe zum Gang saß eine Dame mittleren Alters. Sie trug einen Pelzmantel, der sicher einmal sehr teuer war, doch jetzt zeigte er viele abgewetzte Stellen. Sie fragte mich nach dem Ziel und Zweck meiner Reise und wollte wissen, woher ich kam. Dann blickte sie auf die Uhr. „Wir haben Verspätung. O Gott! Jetzt halten wir wieder vor jeder Weiche", seufzte sie.

Eine Frau jammerte: „Wenn wir bloß vom Anhalter Bahnhof wegkommen! Hoffentlich bekommen wir noch eine S-Bahn!"

„Ist es denn da so schlimm?" wollte ich wissen.

„Und ob", antwortete die Frau, „die Russen holen Nacht für Nacht Frauen und Mädchen aus den Warteräumen."

Inzwischen war es ganz dunkel geworden. Wieder hielt der Zug, und die Dame im Pelzmantel kramte im matten Schein der Bahnhofsbeleuchtung in ihrer Tasche. „Sie haben sicher Hunger", sagte sie und reichte mir ein belegtes Brot, das köstlich nach Mettwurst duftete.

Dankbar nahm ich es, denn seit dem Frühstück hatte ich nichts mehr gegessen.

Je näher wir dem ersehnten Ziel kamen, um so größer wurde die Unruhe im Abteil. Der Zug schlich und die Zeit raste. „Wohin wollen Sie denn?" fragte mich die freundliche Dame.

„Ich muß nach Halensee in die Joachim-Friedrich-Straße", antwortete ich, „dort wohnt die Tante meines Verlobten."

„Das trifft sich gut. Ich wohne in Charlottenburg in der Sybelstraße. Das ist gleich um die Ecke. Wir fahren zusammen. Könnten Sie meinen Koffer tragen?"

In Riesa war Herr Weber mein guter Geist. Wenn ich jetzt in einer ähnlichen Lage wieder einen Menschen fand, der mir weiterhalf, dann hatte ich einen Schutzengel, der nicht von meiner Seite wich.

Draußen wurde es hell. „Wir sind da!" rief ein Mann.

Ich legte meinen Rucksack an. Meine Begleiterin holte zwei große Taschen aus dem Gepäcknetz und deutete auf einen Koffer, der darunterlag. „Mir nach!" rief sie und eilte hinaus. Ich riß den Koffer vom Gepäcknetz und lief hinterher.

Wir hasteten über Treppen, durch Gänge und kamen endlich an einen Bahnsteig, auf dem viele Menschen warteten. Die Dame setzte die Taschen ab und sagte erleichtert: „Gottlob! Wir haben es geschafft!" Völlig außer Atem stellte ich den schweren Koffer neben die Taschen.

Da fuhr die letzte S-Bahn ein. Es gab genügend Sitzplätze. Den Koffer ließen wir im Gang stehen, die Taschen verstauten wir im Gepäcknetz.

Eine Weile schwiegen wir, dann umfaßte die Dame meinen Kopf und atmete auf: „Jetzt sind wir in Westberlin. Hier kann uns nichts mehr passieren. Ohne Ihre Hilfe hätte ich es nicht geschafft. Jetzt nehme ich Sie erst einmal mit nach Hause. Ich bin Herta Chuchowski. Wie heißen Sie eigentlich?"

Ich war sehr dankbar für die Einladung. Mitternacht mußte längst vorüber sein und Reinhards Tante schlief sicher schon.

„Ist der Koffer so wertvoll?" fragte ich, „ein Gewicht hat er, als läge ein Toter drin."

„Einer? Zwei, meine Liebe." Frau Chuchowski lachte schelmisch.
Der Charlottenburger Bahnhof war menschenleer. Unterwegs setzten wir Taschen und Koffer immer wieder ab; wir hatten keine Eile mehr. Vor einem stattlichen Haus blieb meine Begleiterin stehen.
„Hier wohnen wir", sagte sie und drückte auf den Klingelknopf. *Friedrich Chuchowski Rechtsanwalt* las ich auf dem Schild darüber. Stimmen wurden laut. Ein Mann, drei Kinder und das Hausmädchen empfingen uns. Sie redeten gleichzeitig auf die Frau ein, während wir die Treppen hinaufgingen. Wir betraten ein großes Zimmer, das mit einem Teppich und mehreren Brücken ausgelegt war. An den Wänden hingen Landschaftsbilder und Stilleben in Öl mit breiten Goldrahmen, in der Mitte standen ein schwerer, ovaler Eßtisch und sechs Stühle mit hohen Rückenlehnen. Eine Wand verschwand hinter einem riesigen Bücherregal, das bis zur Decke reichte, neben einem wuchtigen Wohnzimmerschrank stand auch der geräumige, mit Akten und Briefen beladene Schreibtisch des Hausherrn in diesem Raum, dessen Mobiliar bequem für die Ausstattung mehrerer Zimmer gereicht hätte.

Mit einigen erklärenden Worten wurde ich der Familie vorgestellt, da erschien das Hausmädchen und fragte, ob Frau Chuchowski eine Kleinigkeit essen oder erst ein Bad nehmen wolle. Der Blick meiner Gastgeberin fiel auf mich.

„Ich glaube, wir haben jemanden hier, der ein Bad nötiger hat als wir alle zusammen."

Ich nahm das Angebot gerne an. Frau Chuchowski begleitete mich in das Badezimmer, gab mir ein Nachthemd und einen leichten Morgenmantel und sagte: „Lassen Sie sich ruhig Zeit. Ich habe meinen Lieben viel zu erzählen."

In der Wohnung meiner Eltern im Isartal gab es statt eines Badezimmers nur eine große Zinkwanne, die jeden Samstag in die Küche geholt wurde, deshalb genoß ich die Behaglichkeit dieses kleinen Raumes in vollen Zügen.

Nachthemd und Mantel waren zwar ein bißchen zu lang, was machte das schon, ich fühlte mich wie neugeboren.

Familie Chuchowski stand um den geöffneten Koffer herum, und neugierig trat ich näher. Nacheinander packten die Kinder eine Gans, ein Huhn, Schinken, Schweinefleisch und mit Zeitungspapier gepolsterte Eier aus. Daneben standen die zwei Taschen, bis obenhin mit Kartoffeln gefüllt. Frau Chuchowski zeigte auf die Gans und das Huhn und sagte lachend: „Hier haben Sie Ihre zwei Toten. Wenn ich mit diesen Schätzen einer russischen Kontrolle in die Hände gefallen wäre... Nicht auszudenken! Darum bin ich so froh, daß wir uns begegnet sind."

Sie erzählte von ihren vielen Bekannten auf dem Land, ehemaligen Klienten ihres Mannes, mit denen sie von Zeit zu Zeit Kleidung, vor allem Kinderkleider, Hausrat und Schmuck gegen Lebensmittel tauschte.

Die Kinder gingen zu Bett. Das Mädchen brachte Tee, dann bat meine Gastgeberin ihren Mann und mich zu Tisch. Brot, Butter, Wurst und Käse dufteten verführerisch. Die Hausfrau goß Tee in die Tassen. Mir lief das Wasser im Mund zusammen und ich wäre mühelos imstande gewesen, alle diese Herrlichkeiten allein aufzuessen, aber manierlich und mit großer Beherrschung nahm ich ein Stück Brot und belegte es mit einer dünnen Scheibe Wurst.

Frau Chuchowski nahm drei Brotschnitten, bestrich sie mit Butter, belegte sie mit Wurst oder Käse und schob sie zu mir herüber. „Essen Sie, essen Sie, liebes Kind, bis Sie satt sind. Sie kennen die Tante Ihres Verlobten nicht. Wer weiß, ob sie Ihnen etwas vorsetzt."

Ich aß meinen Teller leer und lehnte höflich ab, als ich gebeten wurde, mich noch einmal zu bedienen.

Nach dem Tee unterhielten wir uns noch ein Weilchen, ehe Frau Chuchowski mir das Zimmer zeigte, in dem ich schlafen sollte. Es mußte der Tochter gehören. Auf einem kleinen Schreibtisch lagen Schulbücher und Klaviernoten. Puppen in allen Größen saßen auf einer Anrichte und im Regal waren Spiele gestapelt, in den oberen Fächern standen reihenweise Bücher. Wie glücklich mußte ein Kind sein, das ein solches Paradies ganz für sich allein besaß! Ich drehte das Licht aus und schlief sofort ein.

Als ich am anderen Morgen Stimmen vernahm, ging ich in das Badezimmer, wo ich meine Schihose fand, die gebürstet und gelüftet auf einem Bügel hing.

Am Frühstückstisch traf ich wieder die ganze Familie. Noch einmal wurde ich gebeten, kräftig zuzulangen.

Der Abschied fiel mir richtig schwer, denn mir war, als hätte ich eine Nacht in einer Märchenwelt verbracht.

Genau wie von Frau Chuchowski beschrieben kam ich nach wenigen Minuten an eine Querstraße, die Joachim-Friedrich-Straße.

Einen Augenblick blieb ich stehen. Ich fühlte Erleichterung; die erste Etappe meiner Reise lag hinter mir. Fünfzehn Tage war ich seit meiner Abfahrt in München unterwegs, jetzt hatte ich irgendwie zum ersten Mal die Gewißheit, daß meine Odyssee bald zu Ende ging. Zwischen mächtigen, alten Gebäuden ging ich die Straße hinunter, bis ich die angegebene Hausnummer fand. Mit klopfendem Herzen überquerte ich einen gepflegten kleinen Hof, öffnete im Hinterhaus die Tür und stieg vier Treppen hinauf. Hier wohnte Anna Kosch. Die Klingel schlug laut an, doch es dauerte eine ganze Weile, ehe ich schlurfende Schritte hörte und die Tür einen Spalt geöffnet wurde.

„Sie sind Fräulein Monika, nicht wahr. Reinhard ist nicht hier", sagte die rundliche ältere Dame.

„Hat Reinhard nicht geschrieben, daß ich um diese Zeit komme?"

„Er schrieb, daß Sie später kommen als vorgesehen, aber nun weiß ich nicht..."

Es klang nicht gerade freundlich.

„Ich wollte Sie nicht stören. Wenn Reinhard sich meldet, sagen Sie ihm bitte, daß ich hier war. Wenn ich mich beeile, kann ich vielleicht heute noch weiterfahren."

„Möchten Sie etwas essen?"

„Nein, danke. Ich habe schon gefrühstückt. Wenn ich keinen Anschluß bekomme, dürfte ich dann eine Nacht hier verbringen?"

„Aber selbstverständlich. Sollte ich nicht hier sein, warten Sie bitte im Parterre bei Müllers auf mich. Mit denen bin ich befreundet."

„Vielen Dank. Auf Wiedersehen."

„Ich wünsche Ihnen eine gute Reise. Grüßen Sie die Strasburger von mir."

Da stand ich wieder auf der Straße. Nicht einmal „Guten Tag" hatte die Tante gesagt, sie wurde erst freundlich, als sie erkannte, daß sie mich gleich wieder loswerden würde.

Ich zog ein zerknittertes Papier aus der Hosentasche, Reinhards Reisebeschreibung. Auch die Verbindung von Halensee zum Stettiner Bahnhof war minutiös beschrieben und ich gelangte mühelos an mein Ziel.

Das Gebäude war im Krieg übel zugerichtet worden. Ich fragte einen Bahnbeamten nach dem Fahrkartenschalter.

„Haben Sie eine Fahrgenehmigung?"

„Nein. Ich habe einen Rückführungsausweis nach Strasburg."
„Darauf bekommen Sie sicher eine Fahrgenehmigung. Der Schalter ist morgens von acht bis neun geöffnet. Ich rate Ihnen, frühzeitig zu kommen, die ersten stellen sich oft schon um sieben Uhr an."
„Warum braucht man denn eine Fahrgenehmigung?"
„Die Berliner fahren alle zum Hamstern aufs Land. Det jeht nu mal nich!"
„Können Sie mir sagen, wann der Zug nach Pasewalk abfährt?"
„Abends um sechs Uhr."
„Und ohne Fahrgenehmigung...?"
„Det jeht nu mal nich!"

Ich fuhr zurück nach Halensee und ging langsam den Kurfürstendamm hinunter. Leichter Schnee fiel. Menschen hasteten durch die Straßen. Menschen, die irgendwo daheim waren und erwartet wurden. Auf mich wartete an diesem Tag niemand; im Gegenteil, ich mußte Reinhards Tante bitten, mich für eine Nacht aufzunehmen. Um ihr nicht länger als nötig zur Last zu fallen, lief ich in Halensee herum, bis meine Füße schmerzten, dann kehrte ich zur Joachim-Friedrich-Straße zurück und stieg wieder die Treppen zum vierten Stock hinauf.

Niemand meldete sich auf mein Läuten. Im Parterre bei Müllers sollte ich warten. Noch einmal vier Treppen hinuntergehen? Nein! Eine Treppe führte zum Dachboden. Ich setzte mich auf die unterste Stufe, zog die Knie an und legte den Kopf auf die aufgestützten Arme. So schlief ich ein und schreckte erst hoch, als jemand meinen Namen rief. Frau Kosch stand vor mir, noch ganz außer Atem vom Treppensteigen.

„Kommen Sie doch herein. Sie holen sich ja den Tod in dieser Kälte", sagte sie zwar noch ein wenig keuchend, aber überraschend freundlich.

Im Flur legte ich Rucksack und Mantel ab und folgte der Tante ins Schlafzimmer, einem großen Raum, in dem eine gemütliche Wohnecke leicht Platz fand. Sie bot mir den Sessel neben dem Ofen an.

„Gleich wirds warm sein", sagte sie und legte dicke Holzscheite auf ein glühendes Brikett.

Wenig später brachte sie ein Tablett mit Tee, Brot, Margarine und etwas Käse und Wurst.

„Heute morgen war ich wohl sehr spröde", begann sie die Unterhaltung, „ich war nicht auf ihren Besuch vorbereitet."

„Wir sind in Riesa vorzeitig entlassen worden. Ich hatte keine Möglichkeit, mich anzumelden."

„Das ist es nicht. Ich arbeite von elf bis vier Uhr in einem Textilgeschäft. Sie hätten allein in der kalten Wohnung gesessen."

Sie schenkte Tee ein und sagte bedauernd: „Mehr kann ich Ihnen leider nicht anbieten. Mit einer einzigen Lebensmittelkarte kann man keine großen Sprünge machen."

„Reinhard hat einen guten Geschmack. Sie gefallen mir", meinte sie, nachdem wir eine Weile schweigend gegessen hatten. „Morgen habe ich frei. Sie ruhen sich erst einmal aus, und dann machen wir uns einen gemütlichen Tag."

„Eigentlich müßte ich mir morgen ganz früh im Stettiner Bahnhof eine Fahrgenehmigung holen. Aber ehrlich gesagt, ich fürchte mich in Bahnhöfen, wenns dunkel ist."

„Das besorgen wir übermorgen. Ich begleite Sie."

Im Zimmer war es behaglich warm geworden. Frau Kosch erzählte von ihrer kurzen Ehe, dem frühen „Heldentod" ihres Mannes und ihren Schwierigkeiten als alleinstehende Frau, und ich schilderte meine abenteuerliche Reise.

Das Feuer im Ofen war fast niedergebrannt, und es wurde allmählich kalt und ungemütlich. Wir gingen zu Bett, und ich schlief fest und traumlos bis in den hellen Tag hinein.

Die Tante stand im Mantel und mit Einkaufstasche vor mir.

„Bleiben Sie ruhig noch ein wenig liegen. Ich mache Besorgungen", flüsterte sie und schlich hinaus.

Im Ofen knisterte schon das Feuer. Ich kuschelte mich ins Bett und versuchte zu schlafen, um das Hungergefühl loszuwerden, das langsam immer quälender wurde.

Da bimmelte die Türglocke laut, doch ich dachte nicht daran, das Bett zu verlassen, mochte der Fremde wiederkommen, wenn die Tante zurückgekehrt war.

Wieder schlug die Glocke an, diesmal wurde Sturm geläutet. Ich schlüpfte in die Pantoffeln der Tante, warf mir im Flur den Mantel über und schlurfte ärgerlich zur Türe, riß sie auf – und warf mich dem Störenfried an den Hals.

„Reinhard!"

„Endlich, endlich mein Schatz! Ich habe ausgerechnet, daß du heute ankommen mußt und wollte hier auf dich warten."

Ich war selig, nun war jemand bei mir, der sich um Fahrgenehmigungen und Zugverbindungen kümmerte und mir half, mich in wildfremden Bahnhöfen zurechtzufinden.

Das war das einzige, woran ich in diesem Augenblick dachte, damit schwand mein Glücksgefühl so schnell wie es gekommen war. Fröstelnd kroch ich wieder ins Bett.

Reinhard legte im Flur seinen Mantel ab, stellte seinen Rucksack neben die Türe und kam auf mich zu. Ich fragte ihn ohne Umschweife: „Warum hast du so viele Briefe an die Scholz geschrieben?"

Die Antwort kam ungezwungen, in leichtem Plauderton: „Weißt du, ihre Eltern leben in Berlin-Reinickendorf. Sie hat mich gebeten, nachzusehen, wie es ihnen geht. Ich war schon ein paarmal bei ihnen, zwei reizende alte Herrschaften, sie werden dir bestimmt gefallen. Darüber habe ich hin und wieder geschrieben."

Reinhard setzte sich auf die Bettkante und beugte sich über mich. „Wenn ich Lotte Scholz lieben würde, hätte ich dafür gesorgt, daß sie sich scheiden läßt und hätte mich mit ihr verlobt. Zerbrich dir bloß nicht den Kopf wegen dieser unnützen Dinge."

Fast schämte ich mich wegen meines Mißtrauens, doch Reinhard umarmte und küßte mich als sei nichts gewesen und fragte dann: „Wie geht es dir, mein Liebling?"

Ich setzte mich auf, zog die Decke bis zum Hals und hauchte: „Ich komme beinahe um vor Hunger."

Reinhard holte ein Messer aus der Küche, öffnete seinen Rucksack und packte einen halben Brotlaib aus.

„Den hat meine Mutter gebacken", erklärte er und schnitt eine Scheibe ab. Dann wickelte er Rauchfleisch aus und klemmte ein großes Stück davon zwischen das Brot. „Hier, mein Schatz. Mein Vater hat viel mit Bauern zu tun. Zu essen haben wir genug."

Während ich die Köstlichkeit verschlang, sprach Reinhard über seine Arbeit in der Stadtverwaltung, die ihm viel Spaß machte. Weil er in Behördenangelegenheiten in Potsdam zu tun hatte, galt diese Berlinfahrt als Dienstreise; er brauchte keinen Urlaub zu beantragen. Fahrgenehmigungen hatte er gleich für uns beide ausstellen lassen.

Die Wohnungstüre wurde aufgeschlossen. Ich sprang aus dem Bett und eilte der Tante entgegen, die auf der kleinen Flurkommode ihre Schätze ausbreitete: Weißkraut und Kartoffeln. „Speck habe ich noch", sagte sie, „das wird ein Festessen!" Da entdeckte sie Reinhards Mantel. Sie lief in das Zimmer und schloß ihren Neffen in die Arme.

„Die Eltern lassen dich grüßen und schicken dir Eßbares, damit Weihnachten nicht gar so trostlos für dich wird", meinte er, während er neben Brot und Rauchfleisch selbsteingekochten Zuckerrübensirup, Mettwurst und Leberwurst auf den Tisch packte.

Nach dem üppigen Frühstück fuhr Reinhard nach Postdam, und ich half der Tante die Wohnung aufzuräumen und das Mittagessen vorzubereiten.

Dann setzten wir uns an den Ofen, in dem das Feuer wieder heftig prasselte. Meine Gastgeberin holte zwei Gläser und eine Flasche Likör aus dem Schrank, schenkte ein, reichte mir ein Glas und meinte: „Wir wollen ‚Du' zueinander sagen!"

Als Reinhard zurückkam, zog ein verführerischer Duft nach Weißkraut und ausgebratenem Speck durch die Wohnung.

Nach dem Essen kramte ich ein kleines Päckchen Bohnenkaffee aus meinem Rucksack, für jeden gab es eine Tasse, der Rest sollte Tantes Weihnachtsgetränkekarte bereichern.

Die Zeit sei viel zu schnell vergangen, fand Tante Anna, als Reinhard zum Aufbruch mahnte. Nach einem herzlichen Abschied ging ich beschwingt auf den letzten Teil meiner Reise.

Im Stettiner Bahnhof gab es diesmal keine Schwierigkeiten. Wir brauchten nicht lange im dunklen, kalten Abteil zu warten, der Zug fuhr pünktlich ab. Eine ganze Weile hing ich schweigend meinen Gedanken nach, ehe ich mich an Reinhard wandte: „Meine Mutter hat einmal gesagt, als Schwiegertochter wäre ich ein Alptraum für sie. Hoffentlich denkt deine Mutter nicht genauso."

„Meine Mutter hat auch ihre Eigenheiten. Wichtig ist, daß wir beide uns verstehen."

Ich schwieg wieder und Reinhard versuchte, mich abzulenken.

„Hast du gewußt, daß die Ostsee nur achtzig Kilometer nördlich von Strasburg liegt?"

„Nein."

„Im Sommer fahren wir rauf, du wirst staunen."

„Dann schicke ich Ansichtskarten nach Ebenhausen."

Ich freute mich darauf, die Mark Brandenburg und Mecklenburg kennenzulernen und hoffte, eines Tages nach Pommern reisen zu können, das nach Kriegsende den Polen zugesprochen wurde.

Reinhard schwärmte von den landschaftlichen Schönheiten der Uckermark, von weiten Feldern und alten kleinen Städten. Ich hörte aufmerksam zu und vergaß darüber Dunkelheit und Kälte.

Kurz nach Mitternacht traf der Zug in Pasewalk ein. Im überfüllten Warteraum fanden wir zwei leere Kisten, die wir als Sitzgelegenheiten benützten. Die Luft war jedoch so stickig, daß wir immer wieder den Saal verließen und vor dem Bahnhof auf und ab gingen, bis es uns zu kalt wurde. Die Zeit verging so langsam, daß ich manchmal glaubte, die großen Zeiger der Bahnhofsuhr seien stehengeblieben.

Endlich kam Leben in die Wartenden, sie fanden sich nach und nach auf dem Bahnsteig ein. Kurze Zeit später bestieg ich zum letztenmal auf dieser Reise einen Zug.

Schon nach kurzer Fahrt gelangten wir an das Ziel. Als wir den Bahnhof verließen, lag Strasburg noch im Dunkeln.

Wir kamen an einem großen Gebäude vorbei. Reinhard deutete auf die nachtschwarze Fassade. „Das ist das Rathaus. Da oben links ist mein Büro."

Niemand begegnete uns. Nach einer Viertelstunde erreichten wir eine Straße, die durch eine Krater- und Ruinenlandschaft führte. Nur wenige Häuser waren von Luftangriffen verschont geblieben. Reinhard blieb vor einem alten Fachwerkhaus stehen. Hinter den Fenstern im Parterre brannte Licht, die Haustüre war unverschlossen. Im Flur duftete es nach frischem Brot und ich erfuhr, daß Bäckermeister Krüger mit seiner Familie das ganze Erdgeschoß bewohnte.

Wir gingen die Treppe hinauf, und eine Türe wurde geöffnet, noch ehe wir geläutet hatten.

Ich kannte meine zukünftigen Schwiegereltern von Fotografien, jetzt standen sie leibhaftig vor mir; Reinhards Vater mittelgroß und beinahe schmächtig, die Mutter eine stattliche Erscheinung und größer als ihr Mann. Das graumelierte Haar, das sie auf den Fotografien in einem Knoten trug, war jetzt zu einem strengen Zopf geflochten. Ihr Gesicht glänzte unter einer Fettschicht, die einen süßlichen Duft verbreitete.

Die Begrüßung fiel nicht übermäßig freundlich aus. Mit unbewegter Miene musterte sie mich von oben bis unten, dann sagte sie: „Kommt doch herein!"

Reinhard half mir aus dem Mantel, während er die Grüße von Tante Anna bestellte, dann legte er den Arm um meine Schultern und meinte:

„Wir beide werden erst einmal ein paar Stunden schlafen. Komm, ich zeig dir dein Zimmer!"

Der Raum, in den Reinhard mich nun führte, war nur vom Wohnzimmer aus durch eine schmale Tapetentüre zu erreichen.

Als ich allein war, sah ich mich um. Auf dem Kleiderschrank stand Eingemachtes, auf dem Ofen ebenfalls. Demnach wurde hier nicht geheizt, was mich nicht störte, weil es bei uns daheim im Winter in den Schlafzimmern auch kalt war. Am Fenster stand ein Tisch mit zwei Stühlen. Wenn es draußen wärmer war, konnte ich hier lesen, schreiben und handarbeiten. Nichts in diesem Raum erinnerte jedoch daran, daß Reinhard ihn bis vor kurzem bewohnte, doch ich war glücklich, weil ich zum erstenmal in meinem Leben ein Zimmer für mich allein hatte.

Das Bett war weich, und ich schlief sofort ein.

Die Uhr auf dem Wohnzimmerschrank schlug zehnmal. Durch die einen Spalt breit geöffneten Vorhänge fiel ein langer, schmaler Sonnenstrahl. Im angrenzenden Wohnzimmer war kein Laut zu hören. Seit dem Aufwachen hatte ich ein ungutes Gefühl im Bauch. Der frostige Empfang, die prüfenden Blicke von Reinhards Mutter bereiteten mir Unbehagen.

Aber ich war am Ziel meiner Reise, meine Neugier erwachte. Ich sprang aus dem Bett und zog die Vorhänge auf.

Gepflegte kleine Fachwerkhäuser, eines am anderen, standen gegenüber auf der anderen Straßenseite. Fuhrwerke rumpelten über das Kopfsteinpflaster. Auf dem Gehsteig wuchsen niedrige Bäume; jetzt waren sie kahl, aber in ein paar Monaten würden sie Blätter und Blüten tragen; mein Ausblick gefiel mir recht gut.

Nun wollte ich mich um die Gunst meiner zukünftigen Schwiegermutter bemühen. Als ich in die Küche kam, bereitete sie gerade das zweite Frühstück für ihren Mann. Sie legte auch für mich ein Gedeck auf. Reinhard war längst in sein Büro gegangen.

Herr Osswald kam aus der Werkstatt und begrüßte mich freundlich. Während wir frühstückten, erzählte er, daß für den morgigen heiligen Abend das Ehepaar von nebenan seinen Besuch angekündigt habe. Es wolle es sich nicht nehmen lassen, zur Verlobung zu gratulieren. Ich freute mich darauf, die Nachbarn kennenzulernen. „Kann ich Ihnen etwas helfen?" fragte ich nach dem Frühstück Reinhards Mutter.

„Ruhen Sie sich heute aus. Sie können morgen anfangen zu arbeiten."

Es klang auch diesmal nicht besonders freundlich. Ich räumte den Tisch ab und kündigte an, daß ich meine Behördengänge erledigen wolle.

Neugierig trat ich auf die Straße. Jetzt sah ich das Haus bei Tageslicht. Zu Krügers Wohnung gehörte ein großer Bäckerladen. In den drei Wohnungen im Obergeschoß lebten neben Osswalds die alleinstehende Hausbesitzerin und ein älteres Ehepaar mit seiner erwachsenen Tochter.

Den Weg zur Stadtverwaltung fand ich ohne Mühe. Ich meldete mich polizeilich an und nahm meine Lebensmittelkarte in Empfang. Es ging auf Mittag zu, und ich brauchte nicht lange zu warten, da kamen die Angestellten und Beamten aus dem Rathaus. Reinhard machte mich mit einigen Kollegen und Kolleginnen bekannt, dann zog er mich fort, denn die Mittagspause dauerte nur eine Stunde.

Der Nachmittag verging schnell. Ich schrieb einen langen Brief an meine Mutter und kündigte mein Dienstverhältnis mit der Firma Wieland. Dann erklärte mir Frau Osswald, welche Geschäfte sie bevorzugte und ich ging Einkaufen. Viele Menschen waren unterwegs. Ich mußte lange in den Läden warten und brachte meine Briefe gerade noch rechtzeitig zur Post. Als ich heimkam, war auch Reinhard schon da.

Nach dem Abendessen war es wieder Herr Osswald, der sich angeregt mit mir unterhielt; wir fanden viele gemeinsame Interessen, auch er hatte in seiner Jugend jedes Buch, das ihm in die Hände gefallen war, förmlich verschlungen und jede Mark, die er erübrigen konnte, für Opern- und Konzertkarten ausgegeben. Reinhard freute sich über unser gutes Einvernehmen, seine Mutter dagegen schwieg eine Weile, ehe sie meinte: „Früher mußten die Mädchen in der Küche helfen und das Nähen und Stricken lernen, sie versorgten das Federvieh, da blieb für anderes wenig Zeit."

Ihr schnippischer Ton blieb Reinhard nicht verborgen; mit einer Kindheitserinnerung bemühte er sich, den Wortwechsel wieder in einen gemütlichen Plauderton zu lenken: „Bei uns im Dorf gab es Hunderte von Gänsen, die wurden nach der Ernte auf die Stoppelfelder getrieben. Oft genug hab ich Großvaters Gänse hüten müssen."

Mutter Osswald bohrte weiter: „Und im Herbst schlachteten wir sie. Die Gänsebrüste räucherte Opa und verkaufte sie als pommersche Spezialität nach Berlin, das gab gutes Geld. Die Federn sammelten wir. Jedes Mädchen besaß eine komplette Aussteuer, ehe es sich verlobte."

Ich besaß keine Aussteuer, und sie wußte es. Warum spielte sie schon am ersten Abend darauf an? Ich empfahl mich bald.

Am nächsten Morgen, es war der Tag des heiligen Abends, blieb keine Zeit, darüber nachzudenken, Frau Osswald erwartete mich nach dem Frühstück mit einem langen Einkaufszettel. In allen Geschäften herrschte großer Andrang, und erst nach Stunden kam ich wieder heim.

Reinhards Mutter war dabei, im Wohnzimmer den Christbaum zu schmücken und rief mich zu sich: „Sie können uns eine Haferflockensuppe kochen!"

„Wie macht man die denn?" fragte ich.

Sie lachte zynisch. „Sie wollen sich heute verloben und können nicht einmal eine Haferflockensuppe kochen!"

Ich dachte an meine Mutter. Sie muß hellseherische Fähigkeiten gehabt haben, als sie mich warnte: „Du willst zu deiner Schwiegermutter ins Haus ziehen und kannst nicht einmal kochen."

„Kochen nicht, aber lesen", hatte ich geantwortet und schnell mein ‚Kochbuch zum Lernen', das Geschenk einer Tante, in mein Reisegepäck gesteckt.

Ich verschwand für kurze Zeit in meinem Zimmer, suchte danach die Zutaten zusammen und ging mit klopfendem Herzen an die Arbeit. Als die Familie schließlich um den Mittagstisch versammelt war, schmeckten weder Reinhard noch sein Vater, daß eine Anfängerin am Werk gewesen war.

Der Christbaum, strahlend im Glanz des Lamettas und der silbernen Kugeln sah sehr hübsch aus. Weihnachtsstimmung kam trotzdem keine auf. Frau Osswald werkelte unentwegt, sie wischte noch einmal Staub, ordnete die Sofakissen und polierte die Gläser.

„Können wir dir helfen?" fragte Reinhard.

„Zieht euch um und haltet mich nicht auf", war die Antwort.

„Es ist jedes Jahr dasselbe", seufzte Reinhard und zog mich aus der guten Stube.

Ich kleidete mich um und stellte mich vor den Spiegel. Das dunkle Kleid mit dem hellen Kragen stand mir gut, damit es nicht so streng wirkte, legte ich das Kettchen, das sonst unter meinen Kleidern verborgen war, darüber, nachdem ich Reinhards Talisman entfernt und in meinem Geldbeutel verwahrt hatte. Dann trennte ich den Saum meines Mantels auf und holte zwei Verlobungsringe hervor, mit denen ich Reinhard überraschen wollte. Sie trugen sogar eine dünne Goldauflage. Mutter hatte aus Vaters Werkstatt einen Topf Farbe geopfert, die der Goldschmied dringend brauchte.

Ich behob den Schaden am Mantelsaum und ging in die Küche, wo Reinhard gerade eine Weinflasche entkorkte, seine Eltern saßen am Tisch. Als eingeschenkt war, nahm Herr Osswald sein Glas, erhob sich und sah mich an. „Sie werden über kurz oder lang zu unserer Familie gehören. Ich möchte deshalb vorschlagen, daß wir ‚Du' zueinander sagen."

Frau Osswald lächelte wider Erwarten freundlich, als sie ihr Glas hob, um mit mir anzustoßen. Dies sei ein Wein, erklärte sie, den Reinhard aus seiner Soldatenzeit in Italien mitgebracht habe. Sie freue sich, zur Verlobung ihres einzigen Kindes diesen Tropfen beisteuern zu können. Reinhard beugte sich zu mir herüber. „Auf diesen Tag freue ich mich schon lange", flüsterte er mir ins Ohr. Unsere kleine Feier war voller Harmonie.

Ehe die Gäste kamen, wollten wir unsere Geschenke unter den Christbaum legen. Reinhard folgte mir in mein Zimmer. „Meine Mutter hat ein Geschenk für dich vorbereitet", sagte er.

„In meinem Päckchen sind Zigaretten für deinen Vater und Bohnenkaffee für deine Mutter. Mehr habe ich leider nicht."

„Sie wünscht sich das Kettchen, das du trägst."

Außer diesem Goldkettchen mit dem kleinen Kreuz besaß ich keinen echten Schmuck. Ich legte es auch nachts nicht ab und liebte es über alles. „Reinhard! Das habe ich von meiner Patin für die bestandene Aufnahmeprüfung in der Handelsschule gekriegt. Ich möchte es behalten!", beschwor ich ihn.

„Ich kann dich gut verstehen. Leider sind wir auf meine Eltern angewiesen. Könntest du nicht großzügig sein, weil Weihnachten ist?"

Schweren Herzens öffnete ich den Verschluß, faltete Weihnachtspapier zu einem Beutelchen, ließ die Kette hineinfallen und verschnürte es mit einem Band. Dann legte ich es zu den anderen Geschenken. Die Festtagslaune war mir gründlich verdorben, aber ich bemühte mich, ein freundliches Gesicht zu zeigen, vor allem unseren Gästen gegenüber.

Willi und Annemarie Heumann bewirtschafteten den nachbarlichen Hof. Sie waren etwas älter als Reinhard und ich und erwarteten in einigen Monaten ihr erstes Kind.

Reinhard unterhielt sich mit Annemarie und mir, während seine Mutter zwei kalte Platten auftrug. Sein Vater fachsimpelte mit Heumann über gebrauchte Traktoren.

Nach dem Essen füllte Reinhard die Gläser. Ich holte die Ringe aus meinem Täschchen und legte sie auf die flache Hand.

„Du bist ein echter Schatz", sagte er überrascht und gab mir einen Handkuß. Reinhards Eltern schlossen uns in ihre Arme.

Danach öffneten wir die Geschenkpäckchen. Reinhard war es gelungen, ein Schreibmaschinenfarbband zu beschaffen. Seine Eltern bedankten sich überschwenglich, denn an eine solche Rarität gelangte man nur über Beziehungen.

Ich öffnete neugierig mein großes Paket. Reinhards maßgeschneiderter Uniformmantel lag vor mir. „Den vertrennst du, mein Liebling, das wird ein schicker Wintermantel. Ich habe schon einen Schneider für dich", sagte mein Verlobter. Ich gab ihm einen dicken Kuß.

Meine zukünftigen Schwiegereltern schenkten mir ein Buch. Ich bedankte mich höflich und warf einen Blick hinein, es handelte von einem Maschinenbauingenieur und seinen Erfindungen.

Als Reinhards Mutter das Beutelchen öffnete, tat sie überrascht: „Das ist ja reizend, daß du mir dieses hübsche Kettchen schenkst. Sehen Sie nur, Frau Heumann, das habe ich von unserer Monika bekommen!"

Für die Gäste, die Rauchfleisch und ein Körbchen Eier aus eigener Produktion mitgebracht hatten, gab es einen geschnitzten Holzteller und eine bunte Vase, wie es sie in einigen Geschenkläden in Strasburg zu kaufen gab. Zu den wenigen Artikeln, die man außerdem unbegrenzt erwerben konnte, gehörten Schnaps und Likör. Der Preis für eine Flasche entsprach zwar ungefähr einem Durchschnittswochenlohn, doch zu den Feiertagen gönnte man sich hin und wieder einen „Seelentröster". Weil Verlobung gefeiert wurde, waren auch Osswalds nicht kleinlich. Die Wirkung blieb nicht aus, die Stimmung stieg, es wurde getrunken und gelacht.

So fiel es keinem auf, daß ich mich nicht an der Unterhaltung beteiligte. Ich dachte an Weihnachten in Bayern, an die Christmette in der Klosterkirche von Schäftlarn, wo ich im Chor gesungen hatte, an die Bescherung mit meinen Geschwistern, von denen die jüngsten noch an das Christkind glaubten. Ich fühlte mich fremd, Heimweh plagte mich und mein Kettchen fehlte mir.

Wir saßen bis nach Mitternacht. Ehe sich Heumanns verabschiedeten luden sie uns zu ihrem Silvesterfest ein.

Es war nicht allein der Alkohol, der mir in dieser Nacht den Schlaf raubte, stundenlang lag ich noch wach und grübelte.

Am ersten Weihnachtsfeiertag schien die Sonne. Schon früh zog würziger Bratenduft durch die Wohnung; Reinhards Mutter hatte aus ihrer Kleintierzucht ein Kaninchen schlachten lassen.

Nach dem Mittagessen half ich in der Küche, da mahnte Reinhard zur Eile, er wollte mir Strasburg zeigen.

Wir gingen über den Marktplatz zum See hinunter. Engumschlungen wanderten wir am Ufer entlang, bis wir an einen kleinen Weg kamen, der durch Schilf führte. Vor Jahren, erzählte Reinhard, habe man im See noch schwimmen können, jetzt wachse er langsam zu.

Auf dem Rückweg besuchten wir die Mutter von Reinhards Freund Hans Havelfink, der in Rußland vermißt war. Die alte Dame freute sich und bat uns herein. Sie hatte Plätzchen gebacken und bestand darauf, daß wir zum Tee blieben.

Früher hatte sie ihre Ferien öfter in Bayern verbracht. Sie kannte und liebte München und ließ sich ausführlich berichten, wie es dort jetzt aussah.

Ich erzählte, daß München im Krieg arg gelitten habe, dann kam ich auf die Berge zu sprechen, die bei Föhn groß und dunkelblau in den Himmel ragen und ganz nahe scheinen, zu jeder Tageszeit und bei jedem Wetter ein anderes Gesicht zeigen und im Dunst einfach verschwinden und die ich hier in dieser endlosen Weite so schmerzlich vermißte.

Es war spät am Nachmittag, als wir uns verabschiedeten. ,,Fräulein Bachthaler", sagte Frau Havelfink, ,,besuchen Sie mich bitte bald wieder."

,,Ich heiße Monika", erwiderte ich spontan.

,,Dann sagst du ‚Tante' zu mir, mein Kind."

Das versprach ich nur allzugern, und ich stellte mir vor, wie schön es sein könnte, wäre sie meine Schwiegermutter in spe.

Draußen wurde es kalt; die Sonne ging gerade unter. Von Norden schob sich eine Wolkenwand über den Himmel. Mir war, als sähe ich am Horizont die Alpen und ich blieb wie angewurzelt stehen.

,,Schau, Reinhard! Hier rechts, das ist der Heimgarten, links davon der Herzogstand und in dem Einschnitt noch weiter links liegen der Kochel- und der Walchensee", sagte ich aufgeregt und senkte den Kopf, weil Tränen über mein Gesicht liefen.

Wir gingen an der ehemaligen Stadtmauer entlang durch den Wall. Große Bäume säumten den Weg. Im Sommer gäbe es dazwischen kleine gepflegte Rasenflächen, sagte Reinhard. Die Besitzer der kleinen Gärten seien wahre Meister in Blumenzucht und Gemüsebau. Wenn es doch erst Sommer wäre, dachte ich.

Es war schon dunkel, als wir zu Hause ankamen, und ich war froh, daß ein zweiter Feiertag vor uns lag und Reinhard noch einmal den ganzen Tag bei mir war.

Am Vormittag, als ich den Mülleimer leeren wollte, kam mir auf der Treppe ein etwa gleichaltriges Mädchen entgegen. „Guten Morgen, ich heiße Erni Kühn", grüßte es freundlich.

„Ich bin Monika Bachthaler."

„Ich weiß. Sie sind die Braut von Reinhard Osswald. Wir wohnen neben Ihnen."

Wir unterhielten uns auf der Treppe, Erni war in einem volkseigenen Betrieb im Büro beschäftigt. Als sie hörte, daß ich ebenfalls eine Bürostelle suchte, versprach sie, sich umzusehen.

Die Feiertage vergingen viel zu schnell, und für mich begann eine trübe Zeit. Gerne hätte ich in der Küche geholfen, doch was ich auch anfangen wollte, Mutter Osswald meinte stets: „Das kannst du nicht!"

Sie beschäftigte mich hauptsächlich mit Besorgungen außer Haus, und ich gewann den Eindruck, daß es ihr ganz recht war, mich nicht in ihrer Nähe zu sehen. So half ich, Brennholz abzuladen und kleinzuhacken, das trockene Holz im Schuppen umzusetzen, damit das frische Platz bekam, jede Arbeit, die mir angeboten wurde, verrichtete ich. Niemand sollte sagen, er müsse mich aushalten. Mein Geld war nämlich bis auf ein paar Mark ausgegeben.

Wenn mein Heimweh allmählich nachließ, so lag es in erster Linie an Tante Havelfink, bei der ich jede freie Minute verbrachte.

Als ich eines Tages Mutter Osswald fragte, womit sie eine bestimmte Soße würze, hatte sie geantwortet: „Mit Sägemehl."

Das entfachte meinen Ehrgeiz und ich brannte darauf, die Hauswirtschaft gründlich zu erlernen. Tante Havelfink war eine geduldige Lehrmeisterin.

Der letzte Tag des Jahres brach an. Ich war sehr beschwingt und freute mich auf die Feier mit den Nachbarn.

Heumann war ein tüchtiger Landwirt, der trotz des hohen Abgabesolls mit seiner Frau und seinen Schwiegereltern recht gut lebte.

Zum Abendessen gab es Kartoffelsalat mit Speck und für jeden eine

Bratwurst, später servierte Annemarie Heumann selbstgekelterten Apfelwein, der zwar etwas herb schmeckte, aber Stimmung in die kleine Gesellschaft brachte.

Als um Mitternacht die Kirchenglocken läuteten, boten Heumanns Reinhard und mir das „Du" an.

Das neue Jahr war schon einige Stunden alt, als wir uns auf den Heimweg machten. Reinhard hielt mich zurück und sagte so leise, daß seine Eltern es nicht hören konnten: „Monika, das muß unser Jahr werden. Wir müssen selber Wurzeln schlagen. Du wirst sehen, wir schaffen es!"

Ich war fest entschlossen, das Meine dazu beizutragen.

Gleich nach Neujahr ging ich zum Arbeitsamt. Der Beamte zuckte bedauernd die Schultern, Bürostellen waren nicht frei. Ich erkundigte mich in den Betrieben, Reinhard sah sich im Rathaus um – wir fanden nichts. Also versuchte ich weiterhin, mich bei Osswalds nützlich zu machen.

Für ausgeführte Reparaturen an Landmaschinen mußten Rechnungen geschrieben werden, und ich bekam zum erstenmal Einblick in die Geschäftsbücher. Der kleine Betrieb lief glänzend, in der Werkstatt arbeiteten neben Schwiegervater zwei stämmige Schlossergesellen und ein Lehrling.

Was ich längst vermutet hatte, bestätigte sich: Aus reinem Egoismus hatten seine Eltern Reinhard nach Strasburg zurückgerufen. In der Werkstatt wurde er nicht gebraucht, und auch gesundheitlich ging es ihnen nicht so schlecht, wie sie ihn glauben machen wollten.

Reinhard war mir stets ausgewichen, wenn ich dieses Thema anschnitt. Sicher schämte er sich für seine Eltern. Seinetwegen wollte auch ich schweigen, aber sehnlicher denn je wünschte ich mir, unabhängig von den beiden zu sein.

Jetzt riß mich ihre Stimme, diesmal ungewohnt freundlich, aus meinen Grübeleien: „Monika, komm! Ich habe uns Kaffee aufgebrüht!"

Mit gemischten Gefühlen folgte ich der Einladung und saß kaum am Tisch, als sie sagte: „Du hast Glück gehabt, daß Reinhards Braut sich nicht mehr gemeldet hat."

„Reinhard hatte eine Braut?"

„Ja. Nach seiner Verwundung war er längere Zeit in Brünn. Sie hat Medizin studiert und nebenbei Dienst im Lazarett geleistet. Ein reizendes Mädchen, diese Hilde Gerber."

„Davon hat er mir nie etwas gesagt." „Warum sollte er auch?"
„Und die beiden waren richtig verlobt?"
„Ja. Natürlich. Sie kannten sich mehr als zwei Jahre. Hilde hat mich sogar besucht."
Ich schwieg betreten und ging wieder an meine Büroarbeit.
Am Abend wartete ich eine günstige Gelegenheit ab, um Reinhard nach der Dame zu fragen.
„Wie kommst du denn darauf?"
Ich erzählte von unserer nachmittäglichen Unterhaltung. Er war ärgerlich: „Ein solcher Blödsinn! Natürlich habe ich sie gekannt. Zufällig ist sie auch einmal hier vorbeigekommen, aber von Verlobung war nie die Rede."
Warum haßte mich Reinhards Mutter? Warum ersann sie immer Neues, um mir das Leben schwer zu machen? Ich richtete mich doch widerspruchslos nach ihren Wünschen und ging ihr aus dem Weg, so oft es möglich war.
Reinhard schien meine Gedanken zu erraten. Er zog mich in mein Zimmer, rückte mir einen Stuhl zurecht und setzte sich mir gegenüber auf den Bettrand. Nach einigem Überlegen meinte er: „Das zwischen dir und meiner Mutter ist ein echtes Generationsproblem. Sie ist in ihrem ganzen Leben nicht aus der Küche herausgekommen, genau wie ihre Mutter, und sie hat sich auch nie für etwas anderes interessiert. Früher war es nicht ‚schicklich', daß sich die Frauen zu den Männern setzten und sich an der Unterhaltung über geschäftliche Angelegenheiten beteiligten, heute ist es selbstverständlich; aber sie will es nicht wahrhaben. Sie begreift auch nicht, daß die Frauen von heute berufstätig sind und den Haushalt nebenbei erledigen, und nicht einmal schlecht, für sie und ihre Generation war das eine Lebensaufgabe, nur höhere Töchter haben außerdem Französisch und Klavierspielen gelernt. Meine Mutter ist leider nicht der Typ, sich mit etwas, was ihr nicht paßt, einfach abzufinden. Aber unter ihrer Uneinsichtigkeit haben ja auch Vater und ich oft genug zu leiden. Du mußt dich damit trösten, daß wir nicht ewig hier leben werden."
Sollte ich etwa den lieben langen Tag mit Schürze und Kopftuch herumlaufen, um Alwine Osswald zu gefallen? Das konnte doch wohl niemand verlangen. Mir blieb nichts anderes übrig, als meine ganze Zuversicht auf eine baldige Hochzeit mit Reinhard und eine eigene Wohnung für uns beide zu setzen.

Ich zog meinen Mantel an und brachte die Rechnungen zur Post. Ein Päckchen war für mich angekommen. Ich lief heim und öffnete es. Ursula schickte zwei Paar dicke graue Amisocken mit roten Streifen und zwei große Knäuel rote Wolle. Neben einer Strickanleitung lag ein Brief: ‚Dieser Norwegerpullover hat Dir doch so gut gefallen, hoffentlich reicht die Wolle. Die rote habe ich aus aufgetrennten Socken extra für Dich gesammelt. Viel Freude beim Stricken.'

Und wie ich mich auf diese Beschäftigung freute!

„Was willst du denn mit diesen Herrensocken? Die kann doch kein Mensch tragen", wunderte sich Schwiegermutter.

Ich erklärte ihr, daß ich die Wolle aufziehen und wiederverwenden würde.

„So. Und ich dachte schon, deine Mutter fängt endlich einmal an, dir deine Aussteuer zu schicken."

„Reinhard weiß, daß ich keine Aussteuer habe", antwortete ich verlegen.

Sie genoß ihre Überlegenheit. „In Pommern hätten die Töchter ohne Aussteuer gar nicht heiraten dürfen. Bayern scheint ein sehr armes Land zu sein. Man kennt das ja vom Film. Da löffeln die Menschen die Suppe gemeinsam aus einer Schüssel und jeder ißt trockenes Brot dazu."

Diesmal gelang es mir nur mühsam, mich zu beherrschen.

Als sie eines Vormittags mit der Bemerkung, „ich gehe zu meiner Schneiderin, falls Papa nach mir fragt", das Haus verließ, fand ich endlich Gelegenheit, mit meinem Schwiegervater allein zu sprechen. Er kam aus der Werkstatt herüber, um sich aufzuwärmen. Ich brachte ihm heißen Kaffee und setzte mich zu ihm.

„Vater, es tut mir leid, daß ich immer noch keine Arbeit gefunden habe", sagte ich, „im Arbeitsamt war ich, in den Betrieben habe ich mich erkundigt, Reinhard hat..."

Er unterbrach mich: „Mach dir darüber keine Gedanken, mein Mädchen. Ich weiß, du hast es nicht leicht mit Mutter, aber mir gefällt dieser Zustand sehr gut, wenn ich überlege, wie viele Telefonate du für mich erledigst, die Schreibarbeiten nimmst du mir ab, und wenn es sein muß, karrst du auch die Kohlenzuteilung zentnerweise an. Ich bin dir sehr dankbar und wenn Mutter auch manchmal komisch ist, du bist auch ihr eine große Hilfe."

„Ich bin froh, daß ihr mich nicht drängt. Vielleicht könnte ich mich umschulen lassen. Im Pflegedienst werden Leute gebraucht", erwiderte ich.

„Das täte ich nicht. Jetzt, im Winter, versäumst du doch nichts, und im Frühjahr sieht die Sache bestimmt anders aus."

Wenigstens saß Reinhard nun fest im Sattel. Mit dem Entmilitarisierungsbescheid wurde ihm bescheinigt, daß er sich wegen seiner Stellung als Offizier im letzten Krieg nicht zu verantworten hatte, er gehörte genau wie in Bayern zu der Altersgruppe, die unter die Jugendamnestie fiel. Somit war seine feste Anstellung im Rathaus nur noch eine Formsache.

Reinhard sprach oft über seine Arbeit in der Abteilung Landwirtschaft, die schwierig und verantwortungsvoll war: 1945 veranlaßte die Sowjetische Militäradministration in Deutschland die ostdeutschen Länderregierungen, die Bodenreform durchzuführen. Alle Güter mit mehr als 100 Hektar Grundbesitz wurden enteignet; die Besitzer bekamen keinen Pfennig. Eine Ortsbodenkommission teilte das Land in 6 bis 10 Hektar große Siedlungen und vergab diese an ehemalige Gutsarbeiter oder Flüchtlinge. Mancher Bauer, der in Pommern, Ostpreußen oder Schlesien seinen Hof verloren hatte, kam wieder zu eigenem Grund und Boden. Vielen Gutsarbeitern fehlten die Kenntnisse zur Bewirtschaftung eines eigenen Betriebes. Mit großen Hindernissen kämpften alle, auch die alteingesessenen Bauern; die Russen hatten Vieh und Maschinen mitgenommen.

Ungeachtet dieser Schwierigkeiten verteilte die Kreisverwaltung Anbaupläne, worin jedem landwirtschaftlichen Betrieb vorgeschrieben wurde, was anzubauen war. Sie legte das Abgabesoll für alle tierischen und pflanzlichen Erzeugnisse nach Schätzungen fest. Die Regierung bestimmte, wann gesät, geerntet und gedroschen wurde. Ein russischer Landwirtschaftsoffizier hielt sich während der Ernte als Dauergast im Rathaus und auf den Feldern auf.

Auch wenn Zugtiere fehlten, Maschinen und Geräte wegen ihres erbärmlichen Zustandes ausfielen oder eine Krankheit im Tierbestand auftrat, mußte das Abgabesoll erfüllt werden.

Reinhard erzählte, daß es meistens schwierig war, unverschuldet in Verzug geratene Bauern und Siedler vor den angedrohten Strafen zu bewahren. Nur gelegentlich gab es Ausnahmen.

In Reinhards Büro erschien eine Siedlersfrau. Ein Fuchs hatte in ihrem Hühnerstall gewütet; sie konnte weder ihr Soll für Eier noch das für

Schlachtgeflügel erfüllen und war bereit, ihre Angaben an Eides Statt zu versichern.

Reinhard bat in mehreren Eingaben, das Abgabesoll herabzusetzen und die Frist zu verlängern, doch alle wurden abgelehnt. Die Frau war untröstlich, wie es schien, deshalb wollte er noch einen Versuch wagen.

Diese Frau war die Nichte des amtierenden Ortsvorsitzenden der Sozialistischen Einheitspartei, der früher der kommunistischen Partei angehörte. Es war bekannt, daß sie ihren Onkel vor dem Einmarsch der Russen tagelang vor den Nazis versteckt hatte. In einem letzten Brief wies Reinhard darauf hin. Es half, der Antrag wurde genehmigt.

Nach wenigen Tagen erschien die Siedlersfrau in Reinhards Büro und legte ihm freudestrahlend ein frischgeschlachtetes Huhn auf den Schreibtisch. Er schob das Fleischpaket schnell wieder in ihre Tasche; niemand sollte sagen können, er habe sich bestechen lassen.

„So kriminell, wie diese Dame mir weisgemacht hat, war der Fuchs anscheinend gar nicht. Aus reiner Gutmütigkeit könnte man da ganz schnell hinter schwedischen Gardinen landen", meinte Reinhard.

„Schade um das Huhn", fand ich.

Zu den wenigen Autos, die mein Schwiegervater betreute, gehörte der alte Vorkriegs-DKW von Eberhard Beenz. Der ehemalige Gutsbesitzer schuf sich damit nach seiner Enteignung eine Existenz als Taxifahrer; er beförderte vorwiegend die Offiziere der russischen Ortskommandantur.

Eberhard Beenz war eine gesellige Natur, seine Fahrgäste mochten ihn und schenkten ihm manche Flasche echten, russischen Wodka.

In der Osswaldschen Werkstatt war er gerne gesehen, und auch Reinhards Mutter schwärmte für ihn. Die beiden unterhielten sich gerade, als ich ins Wohnzimmer kam; er wartete wohl wieder einmal auf seinen Wagen.

„Grüß Gott", sagte ich ganz in Gedanken und Schwiegermutter belächelte wie immer mein „Versehen" spöttisch. „Ich vergesse es immer wieder...", stammelte ich verlegen.

„Eine Bayerin! Wie reizend", unterbrach er mich, „ich habe schon gehört, daß sich der junge Herr Osswald verlobt hat."

Als Soldat war er längere Zeit in Bayern, er erinnerte sich gerne an München und Garmisch-Partenkirchen, wo er längere Zeit stationiert war. Wir unterhielten uns angeregt, bis der Lehrling kam und meldete, daß das Auto startklar sei.

Als er sich verabschiedete, meinte Beenz: „Sie und ihr Verlobter müssen uns unbedingt einmal besuchen, damit Sie mir mehr über Bayern erzählen können."

Schon am Abend kam ein Anruf von Frau Beenz. Sie lud uns für den folgenden Tag zu einem Hausball ein und bat, wir möchten uns maskieren. Ich sagte gleich zu und freute mich so auf das Fest, daß mir die Zeit viel zu langsam verging.

Aus rotem Papier schnitt ich Herzen und heftete sie mit einem dünnen Faden auf mein dunkles Kleid, eine Schleife aus dem gleichen Papier steckte ich mir ins Haar.

Reinhard trug über dem Gürtel einen breiten, roten Schal. Ich krempelte die Ärmel seines weißen Hemds auf und öffnete seinen Kragen. Dann band ich ihm ein schwarzes Tuch um den Kopf und malte einen Bart auf seine Oberlippe; mein Seeräuber sah schrecklich aus.

Für Frau Beenz besorgte ich Blumen, und als wir das Haus verließen, flüsterte ich Reinhard zu: „Für den Strauß habe ich mein allerletztes Geld ausgegeben. Jetzt wird es höchste Zeit, daß ich Arbeit finde."

„Mach dir nichts draus, ich bin auch noch da", munterte mich Reinhard auf. Wir gingen durch den kleinen Vorgarten, läuteten und wurden von Ellen und Eberhard Beenz gemeinsam empfangen. Sein weißer Frotteehandtuchturban mit der großen Messingplakette ließ den Sultan erkennen, der unsere ehrfürchtige Begrüßung hoheitsvoll zur Kenntnis nahm. Seine Frau trug als Haremsdame ein Schleiergewand aus ausgedienten Gardinen.

Fröhliches Lachen drang aus dem Wohnzimmer, das mit Papiergirlanden prächtig dekoriert war. Bald kannten wir alle Nachbarn und Freunde der Gastgeber.

Aus einem Grammophon ertönte Tanzmusik, eine kleine Bar und ein Tisch mit verschiedenen Salaten und belegten Broten verrieten die Großzügigkeit der Gastgeber, es gab Sitzecken, die zum Plaudern einluden. Mühelos und ohne Scheu bewegte ich mich auf der Tanzfläche, obwohl ich eigentlich gar nicht tanzen konnte, Eberhard bot Getränke an, wir vergnügten uns bis zum frühen Morgen. Nie vorher hatte ich ein schöneres Fest erlebt.

Von diesem Tag an verbrachten Reinhard und ich einen großen Teil unserer Freizeit im Hause Beenz.

Dank des reichen Wodkaangebots bekam ich dort auch meinen ersten

Schwips. Es war an einem Sonntagvormittag, als Eberhard bei uns anrief. Der Freund war verzweifelt, er hatte festgestellt, daß alle vier Reifen von seinem Wagen gestohlen worden waren. Ellen sei in Tränen ausgebrochen, sagte er.

Am frühen Nachmittag machten wir uns auf den Weg, die Freunde zu trösten. Eberhard konnte zwar damit rechnen, daß ihm die Russen bei der Beschaffung neuer Reifen helfen würden, sie brauchten ihn ja, aber mißtrauisch wie sie waren, vermuteten sie sicher zuerst einmal, er habe die Reifen verschwinden lassen. Da war guter Rat teuer. Wir halfen Ellen und Eberhard nach Kräften, Ratlosigkeit und Kummer zu ersäufen.

Als Ellen gegen Abend den Hühnerstall absperren wollte, begleitete ich sie. Wir zählten und zählten und konnten uns nicht einigen, ob das Federvieh nun vollzählig versammelt war oder nicht. Dabei saßen alle acht Hühner friedlich auf der Stange.

Die Beschaffung neuer Reifen erwies sich übrigens problemloser als befürchtet. Sie rissen jedoch ein gewaltiges Loch in die Brieftasche des Freundes.

Die Sonne gewann allmählich an Kraft. Stundenlang hielt ich mich in meinem Zimmer auf, strickte an meinem Norwegerpullover oder schrieb an Ursula, die mir ebenfalls alles, was daheim geschah, prompt mitteilte.

Eines Abends kam Schwiegermutter herein und sagte: „Du hast Herrenbesuch."

Im Wohnzimmer stand ein blonder junger Mann.

„Mein Name ist Horst Stachow. Ich bin Leiter der Freien Deutschen Jugend Strasburg", stellte er sich vor. „Erni Kühn hat mir erzählt, daß Sie eine Bürotätigkeit suchen. Unsere Schriftführerin ist nach Berlin verzogen, die Stelle ist frei, ich wollte mit Ihnen darüber sprechen."

Wir setzten uns an den Tisch und ich fragte, welcher Partei die FDJ angeschlossen sei.

„Die FDJ ist eine überparteiliche Organisation, die der Jugend helfen will, ihre Freizeit sinnvoll zu gestalten und zwar mit sportlichen und kulturellen Angeboten. Natürlich führen wir auch politische Informationsabende durch."

Ich dachte an meine Jungmädchen- und BDM-Zeit. Alles Glück dieser Erde empfingen wir damals durch unseren geliebten Führer. Die Mitgliedschaft in diesen Organisationen war Pflicht, und weder Eltern noch Lehrer weckten in uns eine andere Gesinnung. So fiel ich aus allen Wolken, als meine Mutter nach dem letzten Attentat auf Hitler ausrief: „Dieser Kerl krepiert einfach nicht!" Danach gingen mir langsam die Augen auf.

Hier konnte ich mich informieren und was das Wichtigste war: Es bestand Aussicht auf Arbeit und Verdienst!

„Diese Aufgabe interessiert mich", sagte ich so ruhig wie möglich, dabei wäre ich Horst Stachow am liebsten um den Hals gefallen.

„Können Sie mich morgen, sagen wir um drei Uhr, im ‚Lindengarten' besuchen?"

Ich versprach es und dachte, ‚Himmelvater, gib, daß ich diese Stelle kriege', als ich meinen Gast zur Türe begleitete.

Der ‚Lindengarten' lag am Wall. Der Besitzer des ehemaligen Gasthofes war in den letzten Kriegstagen umgekommen, Erben hatten sich nicht gemeldet, darum wurde das Gebäude, das ziemlich heruntergekommen war, von der Stadt verwaltet. Zwei Räume bewohnte ein alter Kunstmaler mit seiner Frau, die übrigen Zimmer, soweit sie bewohnbar waren, dienten der FDJ als Jugendheim. Seinen Namen verdankte das Anwesen einem großen Garten mit hohen Linden.

Ich hatte mich sorgfältig zurechtgemacht und klopfte zaghaft an die Türe mit dem Schild „Freie Deutsche Jugend Strasburg", dann trat ich ein und stotterte: „Grüß Gott... ach, Verzeihung, guten Tag."

Stachow erhob sich hinter seinem Schreibtisch, zwei junge Männer beugten sich an einem großen runden Tisch über einen Plan. Sie richteten sich auf und wandten sich mir zu. „Sieh an, sie kommt aus Bayern", sagte der eine.

Horst Stachow stellte die beiden vor: „Dieser schöne junge Mann ist Rolf Barnow, unser Sportreferent, Dieter Müller ist Kassierer. Er und die Schriftführerin arbeiten hauptamtlich, die Referenten und ich, wir sind ehrenamtlich tätig."

Er bot mir einen Stuhl an seinem Schreibtisch an, setzte sich ebenfalls wieder und ordnete einige Schriftstücke. Ich sah mich um. Die Büromöbel und auch der große Tisch, das Sofa, das dahinterstand und die Stühle waren alt, alle vier Wände des Raumes, der sicher einmal als Gastzimmer gedient hatte, trugen eine dunkle Holzvertäfelung, die zusammen mit dem großen Kachelofen eine behagliche Atmosphäre schuf.

Der Jugendleiter lehnte sich zurück, schlug die Beine übereinander und sagte: „Unsere Schriftführerin muß die Kasse verwalten, die Post erledigen, Protokolle schreiben und die Referenten bei ihrem Schreibkram unterstützen und wenn noch Zeit bleibt, sollte sie Dieter helfen, die Beitragslisten aufzustellen. Wir haben jetzt, die Landgruppen, die zu uns gehören, mitgerechnet, über dreihundert Mitglieder, die halten unseren Dieter ganz schön auf Trab." Er lächelte mir aufmunternd zu und meinte: „Das trauen Sie sich doch zu!"

„Steno und Maschineschreiben habe ich in der Handelsschule gelernt, in alles andere kann ich mich einarbeiten", antwortete ich.

Dieter Müller, dunkelblond, etwas größer und ein oder zwei Jahre jünger als ich, schien aufzuatmen. Rolf Barnow stand am Fenster, die Arme verschränkt, und betrachtete mich mit unbewegter Miene. Seine sportliche Figur, das gebräunte Gesicht mit den dunkelblauen Augen und sein dichtes, schwarzgewelltes Haar ließen mich nicht unbeeindruckt, doch schnell konzentrierte ich mich wieder auf meine Unterhaltung mit Horst Stachow: „Gut. Dann wollen wir es miteinander versuchen. Als Schriftführerin sollten Sie der FDJ angehören."

Er schob mir ein Eintrittsformular herüber, das ich ausfüllte, während er weitersprach: „Es ist üblich, daß sich alle Jugendfreunde, so nennen wir unsere Mitglieder, duzen. Ich heiße Horst und du", er schaute auf das Formular, „Monika". Nach einer kleinen Pause fuhr er fort: „Die Gehälter sind festgelegt, du bekommst im Monat 175 Mark. Kannst du am 1. April anfangen?" Und ob ich konnte!

Draußen duftete es nach Frühling. Was für ein herrlicher Tag! 175 Mark, fast doppelt so viel wie in der Firma Wieland! Wem sollte ich die erfreuliche Mitteilung zuerst machen? Ellen besuchte Verwandte in Prenzlau, darum lief ich zu Annemarie Heumann. Sie freute sich mit mir und wir unterhielten uns eine ganze Weile.

Reinhard, der früher heimgekommen war, schaute mich fragend an, als ich ins Zimmer trat, dann kam er auf mich zu, faßte mich um die Taille und drehte sich mit mir im Kreis. „Endlich! Endlich! Ich seh dir an, daß es geklappt hat!"

Sein Vater gratulierte mir, seine Mutter verzog erst keine Miene, dann sagte sie ärgerlich: „Nun gehst du also auch ins Büro, wie alle, die sich bei der Hausarbeit nicht die Finger schmutzig machen wollen. Und wer hilft mir im Haushalt? Wer macht die Besorgungen? Ich soll in Zukunft das gnädige Fräulein wohl gar noch bedienen!"

Ich beruhigte sie: „Meine Arbeitszeit liegt so, daß ich mittags daheim helfen und nach Feierabend einkaufen kann."

Als ich mich auch noch bereit erklärte, monatlich 65 Mark Kostgeld abzugeben, schien ihre Welt wieder in Ordnung zu sein; allerdings nicht lange. Nach dem Abendessen fing sie wieder an: „Im Monat bleiben dir 110 Mark. Was machst du denn mit dem vielen Geld?"

Reinhard antwortete unwirsch: „Was heißt hier 110 Mark. Du weißt doch, daß davon die Steuern und Versicherungsbeiträge weggehen. Außerdem sparen wir. Irgendwann wollen wir schließlich heiraten."

„Ihr geht ins Büro und ich kann daheim die Dreckarbeit machen!"

Schwiegervater schaltete sich ein: „Nun hört doch endlich auf!"

Ihren Ärger darüber, daß ihr keiner der beiden beipflichtete, ließ sie an mir aus: „Warum mußte sich Reinhard auch ein Mädel aussuchen, das nichts ist, nichts kann und nichts hat und obendrein noch katholisch ist!"

Ich schüttelte den Kopf. „Wie kann man bloß eine solche ‚Zwidawurzn' sein", sagte ich halblaut.

Die beiden Männer lachten schallend. Sicher verstanden sie den Sinn nicht ganz, aber die bayerische Wortkombination gefiel ihnen und sie erkannten, daß sie nicht beleidigend war; anders Reinhards Mutter. Sie schrie wütend: „So eine Unverschämtheit! Das lasse ich mir nicht gefallen!"

„Was habe ich denn getan?" fragte ich überrascht.

„Das fragst du auch noch? Ich lasse mich nicht... ich lasse mich nicht verspotten!" Ihre Stimme überschlug sich und sie geriet immer mehr in Harnisch: „Ich verlange, daß du dich entschuldigst... und zwar sofort... auf den Knien!"

Erst glaubte ich, mich verhört zu haben, aber als ich sie vor mir stehen sah mit hochrotem Kopf, schwer atmend, die Lippen zusammengekniffen, da wurde mir angst. Nein! Das konnte sie nicht verlangen. Hilfesuchend sah ich die Männer an. Schwiegervater blickte teilnahmslos ins Leere und Reinhard flüsterte mir ins Ohr: „Mach schnell, dann hast dus hinter dir. Wir sind auf sie angewiesen."

Enttäuscht, daß mir niemand beistand, ließ ich mich auf die Knie fallen, sagte schnell: „Entschuldige bitte!", stand auf und rannte in mein Zimmer. Weinend holte ich den Rucksack aus dem Schrank und stopfte alles hinein, was mir gehörte.

Da stand Reinhard in der Türe. Ich beherrschte mich so gut es ging und sagte halbwegs ruhig: „Ich habe immer geglaubt, meine Mutter mag mich nicht. Aber hier... hier bin ich vom Regen in die Traufe gekommen. Wenn ich mir nur einfach eine Fahrkarte nach München kaufen könnte! Hier bleibe ich nicht. Vielleicht nimmt mich Tante Havelfink. Ich geh jetzt zu ihr."

Reinhard nahm mich in seine Arme. „Ich komme mit. Den Rucksack lassen wir vorerst hier", sagte er beschwichtigend. Einzeln reichte er mir Kleider und Wäschestücke aus dem Rucksack und ich räumte sie wieder in den Schrank.

Als wir das Haus verließen, wehte ein warmer Wind. Es war so ein schöner Frühlingsabend, und mir fiel ein, daß ich vor wenigen Stunden noch sehr glücklich gewesen war. Jetzt fühlte ich mich von meiner zukünftigen Schwiegermutter gedemütigt und verraten von dem Mann, den ich heiraten wollte.

Nun blieb er stehen, seine Hände umschlossen meine Schultern, sein Gesicht war dem meinen so nahe, daß ich seinen Atem spürte und er sagte leise: „Monika, jetzt hör mir einmal zu: Sicher hast du gesehen, daß an der Marmorplatte, die auf der Frisierkommode im Schlafzimmer meiner Eltern liegt, eine Ecke fehlt. Die hat mein Vater mit der bloßen Hand abgeschlagen, als er meiner Mutter zeigen wollte, wer der Herr im Haus ist. Daraufhin hat sie vier Wochen kein Wort mit ihm gesprochen; es war unerträglich, und wenn er nicht eingerenkt hätte, sie würde den Mund heute noch nicht aufmachen. Es gibt noch mehr solche Geschichten. Vater zuliebe wollte ich vermeiden, daß wir wieder in eine solche Situation kommen. Kannst du mir das verzeihen?"

„Ich will es versuchen, aber wenn ihr noch einmal so etwas von mir verlangt, laufe ich davon!"

Reinhard zog mich noch enger an sich, seine Stimme klang versöhnlich, aber sehr bestimmt: „Mein Schatz, ich liebe dich, aber vergiß nicht, du bist noch nicht einundzwanzig. So lange du nicht volljährig bist, habe ich die Verantwortung für dich. Wenn du mir davonläufst, lasse ich dich durch die Polizei einfangen und zu mir zurückbringen."

Ich saß also in der Falle! Wann immer Frau Osswald wollte, sie konnte mich quälen! Und Fremden gegenüber würde sie mich weiterhin als „unsere Monika" vorstellen und mich in Gegenwart anderer mit größter Scheinheiligkeit „mein Mädchen" rufen. Und dann wünschte sie auch noch, daß ich sie „Mutter" nenne. Lieber wollte ich mir die Zunge abbeißen...!

In dieser Stunde bereute ich zutiefst, jemals von zu Hause fortgegangen zu sein.

Tante Havelfink fand, ich sähe schlecht aus und schenkte mir und auch Reinhard einen Obstschnaps ein. Nach der Unterhaltung mit ihr ging es mir besser.

Zu meinem Erstaunen benahm sich Reinhards Mutter nach unserer Rückkehr, als ob nichts geschehen wäre. Ein überlegenes Lächeln spielte um ihre Lippen. Angewidert zog ich mich zurück.

In den folgenden Tagen erledigte ich schweigend, was mir aufgetragen wurde und antwortete nur, wenn man mich anredete. Mir war wieder leichter ums Herz, denn Tante Havelfink hatte versprochen, mich zu jeder Tages- und Nachtzeit aufzunehmen, wenn ich es bei Osswalds nicht mehr aushalten könne.

Dann kam mein erster Arbeitstag. Viel zu früh machte ich mich auf den Weg und dachte, als ich im ‚Lindengarten' ankam, „ab morgen gehe ich ohne anzuklopfen durch diese Türe".

Dieter war schon da. „Grüß Gott, Monika!" begrüßte er mich mit freundlichem Grinsen.

„Grüß Gott, Dieter!" antwortete ich, dankbar für den anheimelnden Gruß. Ich erfuhr, daß Horst erst gegen drei Uhr käme, er arbeite in der Konsumgenossenschaft und seine Freizeit sei knapp bemessen. Dieter solle mit mir die Mitgliederkartei durchgehen.

An diesem Vormittag kam viel Besuch in das FDJ-Büro. Wer von den Mitgliedern gerade Zeit hatte, schaute kurz herein, um die neue Schriftführerin in Augenschein zu nehmen, und alle sagten freundlich „Grüß Gott". Dieter hatte ganze Arbeit geleistet.

Er machte mich mit Julius und Anna Bertram bekannt, dem Kunstmalerehepaar, das im Jugendheim zwei Zimmer bewohnte. Frau Bertram verwahrte das Kassenschränkchen der FDJ, wenn das Büro geschlossen war.

Die grauhaarige alte Dame und ihr Mann hatten gewiß bessere Zeiten erlebt. Die beiden Räume, die sie bewohnten, waren einfach, doch gemütlich eingerichtet. Im Atelier, das gleichzeitig als Schlafzimmer diente, standen große Ölbilder, Porträts russischer Offiziere. Ehe ich fragen konnte, erklärte Herr Bertram: „Die Bilder sind scheußlich bunt. Die Russen lieben leuchtende Farben."

Wir gingen in das Wohnzimmer. Ein kleiner Geschirrschrank neben dem Ofen und ein Waschbecken verrieten, daß hier auch gekocht wurde. Mehrere Gemälde über dem Sofa zeigten idyllische Landschaften; ein Bild gefiel mir besonders gut. „Was kostet diese Abendstimmung mit dem Bach und den Enten drauf?" wollte ich wissen.

„Das Bild ist unverkäuflich. Es erinnert uns an unsere schlesische Heimat", erwiderte Herr Bertram.

Zu jedem Bild gab es eine interessante Geschichte.

Das Gespräch mußte abgebrochen werden, weil ich Dieter versprochen hatte, eine Liste der Jugendfreunde aufzustellen, die mit ihren Beitragszahlungen im Rückstand waren. Ein schönes Stück Arbeit, die Kartei war ein bißchen in Unordnung geraten, und ich hatte bis zur Mittagspause zu tun.

Es folgten zwei Stunden Tischzeit, nach der Küchenarbeit zu Hause blieb mir sogar noch ein wenig Zeit für meinen Norwegerpullover.

Am späten Nachmittag kam Horst Stachow in das Büro. Wir beschäftigten uns mit der eingegangenen Post. Horst ging alle Briefe mit mir durch, wobei ich mir Notizen machte.

Danach kam Willi, der Organisationsleiter, der ein für Mai geplantes Frühlingsfest inszenierte. Für das Programm studierte Hilde, die Kulturreferentin, ein paar Chorlieder ein, Käthe, die Leiterin der Mädchengymnastikgruppe, probte Keulen- und Reifenübungen, ein paar Kurzszenen waren geplant, und vor einer traumhaften Kulisse aus Palmen und Meer, die er selbst gemalt hatte, wollte Willi Matrosenlieder singen. Fred Mattis und seine Solisten aus unserer FDJ-Kapelle sollten ihn begleiten und später zum Tanz aufspielen.

Kurz vor Feierabend kamen Hilde und Käthe zu einer Besprechung in das Jugendheim. Gerne hätte ich daran teilgenommen, verabschiedete mich jedoch pünktlich, um nicht schon am ersten Abend den schwiegermütterlichen Zorn auf mich zu laden.

Nun kannte ich also die gesamte Jugendleitung, deren Mitglieder mich ohne Wenn und Aber in ihren Kreis aufnahmen, nachdem Horst Stachow mich ausgewählt hatte. Ich war dankbar und glücklich und wollte mir die größte Mühe geben, dieses Vertrauen zu rechtfertigen.

Um sechs Uhr war Büroschluß, die Geschäfte blieben bis sieben Uhr geöffnet, da hieß es, sich beeilen, doch meine gute Laune wurde durch diese kleine Hetzerei nicht getrübt.

Das Wetter paßte zu meiner Stimmung; schon am frühen Morgen lachte die Sonne vom wolkenlosen Himmel. Weit öffnete ich das Fenster neben meinem Schreibtisch.

Da fiel mir auf, daß Bertrams sehr viel Besuch erhielten; vor allem russische Soldaten gaben sich regelrecht die Türe in die Hand. Manche kamen an mein Fenster und steckten neugierig den Kopf herein.

Ich fragte Frau Bertram: „Lassen die sich alle malen?"

Die alte Dame verneinte: „Ich bekomme über eine Verbindung amerikanische Zigaretten. Die verkaufe ich. Von den Bildern allein könnten wir nicht leben, aber sagen Sie um Himmelswillen keinem Menschen was!"

Eines Tages, ich wollte mein Geldschränkchen holen, standen zwei russische Soldaten in Frau Bertrams Wohnzimmer. Der eine, ein dunkelhaariger, hübscher junger Mann, starrte mich wortlos an.

„Den haben Sie richtig verwirrt", meinte Frau Bertram später lachend.

Nikolai, so hieß er, kam fortan jeden Tag. Nach einiger Zeit nahm er sich ein Herz und sprach mich an: „Du sehr schön... ich viel Liebe..."

„Zu spät, mein Lieber, zu spät", sagte ich und hielt ihm meinen Verlobungsring unter die Nase.

Nikolai gab nicht auf. Als er sogar an die Bürotüre klopfte, wurde ich ernstlich böse und verbat mir seine Annäherungsversuche ein für allemal. Es half nichts. Er wartete so lange bei Frau Bertram, bis ich kam. „Ich mit dir gehen!" sagte er entschlossen, er glaubte wohl, ich sei allein.

„Gut, wenns sein muß", gab ich scheinbar nach.

Er folgte mir in das Büro und erstarrte. Horst, Dieter und Rolf schauten ihn neugierig an. Mit einem fürchterlichen Fluch entfernte er sich.

Ich atmete auf. „Gott sei Dank! Den bin ich los!"

Nikolai gelang es trotz heftiger Bemühungen nicht, mich für sich einzunehmen; ein anderer schaffte es, wenn er mich nur ansah: Rolf Barnow. Ich wich seinem Blick aus, weil ich fürchtete, rot zu werden. Sprach er mich an, reagierte ich recht burschikos, um mich nicht zu verraten, und wenn er beim Abschied meine Hand länger hielt, entzog ich sie ihm nicht. Ich schien ihm nicht gleichgültig zu sein, denn neuerdings kam er beinahe jeden Tag in das FDJ-Büro. Meistens hatte er ‚in der Nähe zufällig etwas zu erledigen'.

Horst und Dieter freuten sich über seine Besuche. Die Vorbereitungen zum Frühlingsfest waren in vollem Gange und jede Hand wurde gebraucht. Rolf ließ sich bereitwillig einspannen. Zu mir sagte er übermütig: „Wir werden einen Walzer aufs Parkett legen, daß den Leuten die Augen übergehen."

„Da hast du Pech", entgegnete ich, „ich kann nur Tango, Foxtrott und Langsamen Walzer."

„Wenns weiter nichts ist, das läßt sich ändern."

Er klopfte bei unseren Nachbarn und bat Frau Bertram: „Könnten Sie bitte die Tür öffnen, wenn zufällig ein Walzer im Radio kommt, hier braucht jemand Nachhilfeunterricht."

Wir brauchten nicht lange zu warten. Schon nach kurzer Zeit lobte Rolf meine Fortschritte. Reinhard gegenüber hielt ich diesen kleinen Spaß geheim, wir sahen uns ohnehin meist erst spät am Abend, da er ständig Überstunden leisten mußte. Er war zum Nachfolger des Leiters der Abteilung Landwirtschaft ernannt worden, der in den Ruhestand getreten war, außerdem herrschte in seinem Büro der jahreszeitlich bedingte Hochbetrieb. Wir fanden kaum noch Zeit füreinander. Es gab nur eine Ausnahme: den Samstagabend hielten wir für uns frei und wir freuten uns tagelang darauf; die Wochenendbesuche bei Ellen und Eberhard waren zur festen Einrichtung geworden. Wir spielten Karten oder unterhielten uns, meistens hielt Ellen, die eine vorbildliche Köchin war, eine kleine Überraschung bereit.

Nur einmal unterbrachen wir diese liebgewordene Gewohnheit. Das Frühlingsfest der FDJ fiel auf einen Samstag. Die Freunde versprachen, uns zu begleiten.

Zuletzt blieb auch ich abends länger im Büro, doch dann waren alle Vorbereitungen für das Fest getroffen.

‚Als jüngstes Mitglied der Ortsjugendleitung mußt du einen guten Eindruck machen', redete ich mir ein und verwandte auf mein Äußeres mehr Sorgfalt als je zuvor. Ein bißchen dachte ich – wie ich zugeben muß – auch an meinen ersten Walzer.

Zum Glück hatte Ursula meine Sommerkleider geschickt. Im vergangenen Jahr hatte Frau Schattner aus einem Leintuch ein Jackenkleid mit kurzen Ärmeln und aufgesetzten kleinen Taschen für mich genäht; das wollte ich anziehen. Meine naturgewellten Haare ließ ich modisch schneiden.

Am Festabend half ich hinter der Bühne. Hin und wieder schoben wir den Vorhang ein wenig zur Seite und spähten durch einen schmalen Spalt in den Zuschauerraum. Die ersten Gäste kamen schon lange vor Beginn der Veranstaltung, dann füllte sich der Saal bis auf den letzten Platz.

Alle Darbietungen wurden begeistert aufgenommen. Den lautesten Beifall erhielt Willi, nicht nur seine Lieder kamen an, auch das von ihm geschaffene Bühnenbild erregte allgemeine Bewunderung.

Nach dem Programmteil rückten die Saalordner die vorderen Tische zusammen, so entstand eine geräumige Tanzfläche. Fred Mattis und seine Solisten traten in Aktion.

Mit Horst und Dieter saß ich in einem Nebenraum über der Kassenabrechnung, dann nahm ich meinen reservierten Platz bei Reinhard und den Freunden ein.

Ellen trug ein Kleid aus einem rosafarbenen Oberteil und einem weiten grauen Rock mit rosa Blümchen, das sie aus zwei abgelegten Kleidern selbst genäht hatte. Sie sah darin sehr hübsch aus, und Reinhard und Eberhard sparten nicht mit Komplimenten für uns beide.

Der Tanz begann mit einem Walzer. Eberhard war ‚leidenschaftlicher Nichttänzer' wie er selbst zugab. Reinhard sah zu mir herüber. „Du hast doch nichts dagegen", sagte er und bat Ellen um den ersten Tanz.

Rolf kam an unseren Tisch. Während der Vorstellung hatte er den Saaldienst beaufsichtigt, darum waren wir uns noch nicht begegnet. Er sah blendend aus. Sein heller Anzug brachte sein gebräuntes Gesicht und die schwarzen Haare besonders gut zur Geltung. „Komm, Monika!" Er zog mich zur Tanzfläche.

Nach ein paar Takten lobte er mich: „Es geht doch prächtig!"

„Warum starren uns die anderen bloß so an?" wollte ich wissen.

„Wir sind eben ein auffallend schönes Paar", meinte er lachend.

Dann wurde er ernst. „Wir würden wirklich gut zueinander passen. Schade, daß du schon vergeben bist!"

Wir hätten nicht nur äußerlich zueinander gepaßt. Wenn Rolf in meine Nähe kam, wurde mir jedesmal warm ums Herz.

Er brachte mich zum Tisch zurück, bedankte sich bei mir und verbeugte sich höflich vor den anderen.

„Du kannst ja plötzlich Walzer tanzen", wunderte sich Reinhard.

„Rolf hat es mir beigebracht", bekannte ich.

„Du scheinst in diesen Knaben ganz schön verknallt zu sein", meinte er.

„Der ‚Knabe' ist Jahrgang 24, also nur zwei Jahre jünger als du", wich ich aus.
Mein Verlobter ließ mich vorsorglich die ganze Nacht über nicht mehr aus den Augen.
Unauffällig beobachtete ich Rolf. Er saß bei seiner Fußballmannschaft und tanzte nur hin und wieder.
Das Fest dauerte bis zum Morgengrauen. Reinhard und ich kamen so spät heim, daß wir den halben Sonntag verschliefen.

Wegen des Telefons sollte tagsüber ständig jemand in der Wohnung sein, deshalb verlegte Alwine Osswald ihre persönlichen Besorgungen gerne in meine Mittagspause.
Diesmal hatte sie Teig angerührt und das Waffeleisen bereitgelegt, ehe sie das Haus verließ.
Die Küchenarbeit war getan, ich widmete mich meinem Strickzeug – das Norwegermuster erforderte viel Zeit und Aufmerksamkeit – da läutete es. Als ich öffnete, stand eine junge Frau vor mir. Sie grüßte und stellte sich vor: „Mein Name ist Hilde Gerber."
Ich erinnerte mich sofort an das Gespräch mit meiner Schwiegermutter und bat die Fremde herein.
Ob ich zur Familie gehöre, wollte sie wissen.
„Fast", antwortete ich.
Ein Bekannter habe sie im Auto mitgenommen, deshalb sei sie früher gekommen. Ob Reinhards Mutter zu sprechen sei.
„Sie ist ausgegangen, wird aber bald zurück sein."
„Ich habe an Reinhard eine Karte geschrieben, ich käme in seine Nähe, nämlich nach Prenzlau. Darauf hat mich seine Mutter eingeladen. Sie schrieb mir, Reinhard forsche seit Kriegsende nach mir, mit meinem Besuch sollte ich ihn überraschen. Jetzt muß ich ihm irgendwie beibringen, daß ich mich inzwischen verlobt habe."
Sie schwieg betreten.
„Die Überraschung war wohl mehr für mich gedacht. Reinhard ist nämlich auch verlobt... mit mir..."
Sie sah mich fragend an.
„Leider entspreche ich ganz und gar nicht den Vorstellungen, die seine Mutter von einer Schwiegertochter hat."
Ich schlug ihr vor, Reinhard im Rathaus zu besuchen. Jetzt freute sie

sich auf das Wiedersehen und drängte zum Aufbruch, denn in einer Stunde, sagte sie, könne sie wieder mit ihrem Bekannten nach Prenzlau zurückfahren.

Ehe wir gingen, schrieb ich ein paar Zeilen für Schwiegermutter.

Am Wall trennten sich unsere Wege. Ich beschrieb Hilde Gerber den Weg zum Rathaus und bog zum ‚Lindengarten' ab.

Zum Abendessen gab es an diesem gewöhnlichen Werktag Waffeln mit amerikanischem Tee, mit dem meine Mutter uns regelmäßig versorgte.

Reinhard kam wie so oft später, er deutete auf das Gebäck und fragte, was für ein Feiertag sei, dann erzählte er vom Besuch Hildes, und daß sie mit einem Arzt verlobt sei. Sie lasse alle sehr herzlich grüßen, besonders mich. Ich gefiele ihr sehr gut. Er rührte in seinem Tee und widmete sich genüßlich den Waffeln. Er sah nicht, daß seine Mutter ein Gesicht zog, als hätte sie auf Pfefferkörner gebissen.

Nach dem Essen blieb er in der Küche.

„Komm! Wir beeilen uns. Es ist so schön draußen!" sagte er und nahm mir das Geschirrtuch ab.

Gleich spöttelte seine Mutter: „Sieh mal an. Mein Sohn macht Hausarbeit. Er steht jetzt schon unterm Pantoffel."

Wir überhörten die Bemerkung, räumten das Geschirr in den Schrank und empfahlen uns.

Die Schatten wurden länger und immer noch war es sommerlich warm. Wir gingen vor die Stadt und bogen in einen Feldweg ein. Bald kamen wir an eine Abzweigung. „Roter Sand!" staunte ich, „so etwas habe ich in meinem ganzen Leben noch nicht gesehen." Ich streifte die Sandalen ab und lief barfuß.

Den Weg säumten alte Weiden, auf deren dicken morschen Stämmen die Ruten saßen wie die Borsten auf einem Besen; sie gaben schaurige Pfeiftöne von sich, wenn der Abendwind durch sie strich. „Glaubst du, daß in den Baumhöhlen Käuzchen wohnen?" fragte ich.

„Aber sicher", sagte Reinhard, „nachts kannst du sie hören. Es wird einem unheimlich, wenn sie rufen."

Erst als die Dämmerung hereinbrach, gingen wir zurück. Am Feldweg schlüpfte ich wieder in meine Sandalen. Reinhard zog mich an sich. „Hast du eigentlich noch immer Heimweh nach Bayern?"

Ich schüttelte den Kopf. „Nein, ich bin wunschlos glücklich!"

Vor uns lag das Städtchen. In einigen Fenstern leuchtete schon Licht, und über den Häusern ragten die beiden Kirchtürme in den dunklen Himmel.

Die abendliche Kühle versprach beständiges Frühsommerwetter, das auch noch einige Tage später anhielt, als die Stadtverwaltung ihren Betriebsausflug unternahm.

Ein paar ältere Kollegen sagten ab, deshalb durften neben den Ehefrauen auch Bräute teilnehmen.

Dem Bürgermeister war es gelungen, eine Gulaschkanone aufzutreiben. Das städtische Gut half mit einem Kutschwagen aus, und die Frau des Verwalters übernahm den Küchendienst. Zusammen mit einigen Freiwilligen aus dem Rathaus befand sie sich schon auf dem Weg.

Zwei Bauern warteten mit ihren Pferdegespannen: Willi Heumann, dem Reinhard gut zugeredet hatte und der Vater einer Kollegin aus dem Rathaus. Die älteren Kollegen saßen in der Mitte der flachen Wagen, die Jugend am Rand, wo man während der Fahrt die Beine baumeln lassen und hin und wieder abspringen und ein Stück zu Fuß gehen konnte, wenn die Fahrt auf dem holprigen Weg zu unbequem wurde.

Es war ein herrlicher Tag, der Himmel zeigte sich wolkenlos, der Laubwald trug zartes Grün und am Weg blühten Margeriten und Hahnenfuß.

Ging der Gesellschaft der Gesprächsstoff aus, fand sich immer jemand, der mit kräftiger Stimme ein Wanderlied anstimmte. Gegen Mittag erreichten wir unser Ziel: ein kleines Gasthaus mitten im Wald. Der Wirt hatte seine Gartenbänke und Tische aufgestellt. Blieb auch seine Küche geschlossen, so hatte er doch alle Hände voll zu tun, seine munteren Gäste mit Bier und Schnaps zu versorgen.

Die Pferde weideten auf einer Wiese, und die Wagen standen verlassen. Aus dem großen Kochkessel zog ein verführerischer Duft durch den Wirtsgarten, und erwartungsvoll packten die Gäste die mitgebrachten Teller und Löffel aus, da ertönte endlich der von allen erwartete Ruf: „Antreten zum Essenfassen!"

Neben Erbsen fanden sich nicht nur Kartoffeln und Mohrrüben, es schwammen auch Speckstückchen in der Suppe. Sie schmeckte ausgezeichnet, und die Verwaltersfrau und ihre Helfer wurden von der ganzen Gesellschaft gelobt.

Nach dem Mittagessen konnte sich jeder die Zeit nach seinem Geschmack vertreiben. Einige der Männer blieben sitzen und zogen Skatkarten und Schreibzeug hervor, der Rest der Gesellschaft wanderte in die hügelige Sommerlandschaft.

Ich streifte mit Reinhard allein durch den Wald, bis uns Reste eines hohen Zaunes den Weg versperrten. Wir fanden eine freie Stelle und traten in einen verwilderten Park, der bis zu einem kleinen, dunkelgrünen See reichte. Auf einer Wiese wuchsen einzelne riesige Laubbäume und Fichten. Auf den schmalen Wegen wucherte Unkraut.

Neugierig gingen wir weiter, bis wir an ein schloßähnliches Haus kamen. „Sieht aus, als hätten die Wandalen hier gehaust", sagte ich.

Eine große Freitreppe führte zu einer Terrasse, darüber erkannten wir noch Reste eines steinernen Balkons. Die Fenster waren eingeschlagen, die Rahmen herausgerissen.

Wir stiegen die Treppe hinauf und schauten durch die Fensterhöhlen in die Räume. Auch der Deckenstuck war zerstört, nur die Reste kostbarer Tapeten erinnerten an die guten Tage dieses Hauses.

Durch den Park gingen wir zurück bis an den kleinen See und setzten uns auf eine große Baumwurzel.

Ich kam ins Träumen. „Wenn der Rasen gepflegt wäre, wenn der Park Kieswege und Rosenbeete hätte, wenn es im Haus Fenster und Türen mit Messingbeschlägen und Brokatvorhängen gäbe... Es muß märchenhaft gewesen sein. So stell ich mir das Haus vor, in dem Effi Briest ihre Jugend verbracht hat", schwärmte ich. „Weißt du, wer hier gewütet hat?"

Reinhard zuckte die Schultern. „Die Gutsarbeiter? Die Russen? Ich weiß es nicht."

Wir gingen um die Villa herum und kamen auf einen kleinen Weg, der zu den Stallungen und dem Wirtschaftsgebäude führte. Kinder spielten im Sand, demnach mußte dieser Teil des ehemaligen Gutes bewohnt sein. Hinter dem großen Stallgebäude entdeckten wir ein halbes Dutzend kleine Häuser in Holzbauweise und mit Lehm verfugt. An jede dieser Katen war ein kleiner Stall gebaut. Durch die winzigen Vorgärten führten schmale Wege, sonst waren diese Fleckchen Erde bis in die letzten Winkel in Beete unterteilt. „Hier haben die Gutsarbeiter gewohnt. Alle Familienmitglieder arbeiteten im Gut. Sie bekamen kaum Geld sondern hauptsächlich Deputate, das heißt, sie wurden mit Naturalien entlohnt", erklärte Reinhard.

Ich war entsetzt. Auf Kosten dieser armen Leute führten die da oben ihr feudales Leben. „Konnten wenigstens die Kinder einen Beruf erlernen?" fragte ich.

„Früher mußte man Lehrgeld zahlen, dazu waren die Gutsarbeiter nicht in der Lage."

Mir taten diese armen Menschen leid, und auf dem ganzen Rückweg zum Wirtsgarten grübelte ich vor mich hin.

Die meisten Kollegen warteten schon auf die Heimfahrt, als wir ankamen. Reinhard bestellte zwei Klare. Er gab mir ein Glas und meinte: „Zerbrich dir nicht den Kopf, mein Schatz. Eine solche Zeit kommt niemals wieder."

Während Reinhard sich zu Willi unter einen Baum setzte, rupfte ich Gras und Kräuter und fütterte die Pferde. „Küchenpersonal" und Gulaschkanone befanden sich bereits auf dem Heimweg. Die letzten Ausflügler trafen ein, und die Pferde wurden wieder eingespannt.

Auf der Rückfahrt herrschte auf beiden Wagen eine ausgelassene Stimmung, von der auch ich mich bald anstecken ließ. Die braven Pferde brachten ihre Fuhren sicher in die Stadt zurück, und die Gesellschaft einigte sich, den Tag mit einem Gasthausbesuch zu beschließen.

Wir verabschiedeten uns, Eberhard und Ellen warteten. Die Freunde ließen sich die Ereignisse des Tages schildern. Ich kam auch auf das Schloßgut zu sprechen, und Eberhard sagte mit ernstem Gesicht: „Unser Gutshaus steht noch. Es ist kleiner und bei uns lebten die Arbeiter in einem großen, modernen Haus. Vor einem Jahr bin ich einmal hinausgefahren. Es war noch alles da, die Zimmer von meinen Eltern und Brüdern, mein Zimmer, der große Wohnraum, sogar der Holunder hinter der Wagenremise stand noch, hinter dem ich mich immer versteckte, wenn ich als Junge keine Hausaufgaben machen wollte. Und der Pferdestall..., meinen Wotan habe ich immer selber gestriegelt.

Aus dem Haus kamen fremde Leute und ich wollte sagen, ihr könnt den Pferdestall doch nicht zusammenfallen lassen! Das Dach muß neu gedeckt werden! Eines Tages komme ich wieder zurück, dann bekommt mein Sohn auch ein eigenes Pferd, und dann...

Ich fahre nicht mehr hinaus und manchmal wünschte ich, eine Bombe wäre hineingefallen!"

Ellen setzte sich zu Eberhard auf die Sessellehne und legte ihren Arm um ihn. „Eberhard Beenz, freu dich, daß du mich hast und daß wir gesund sind und direkt schlecht geht es uns doch auch nicht, oder?" Dann sprang sie auf, lief in die Küche und brachte eine Schüssel Erdbeeren, es waren die ersten in diesem Jahr, mit Schlagsahne. Die trübe Stimmung, mit der Eberhard uns beinahe angesteckt hätte, verzog sich wieder.

Reinhard wollte mir nach und nach die ganze Umgebung von Strasburg zeigen. Am Sonntag wanderten wir nach Lauenhagen, dem sechs Kilometer entfernten städtischen Gutshof. Der Verwalter führte uns durch alle Gebäude, erklärte die Einrichtungen und bewirtete uns mit Rotwein.

Wir brachen auf, als die Sonne unterging. Über die Felder strich der Abendwind und trug Blütenduft zu uns herüber. Die ersten Sterne funkelten. Wir gingen schweigend und hielten uns an den Händen.

Ich war stolz auf Reinhard, der sich in so kurzer Zeit den verantwortungsvollen Posten eines Abteilungsleiters erarbeitet hatte, und glücklich, daß ich jetzt meine Arbeit in der Jugendleitung spielend bewältigte. Gerade in diesen Tagen ging ich gerne ins Büro. Die blühenden Linden und das Summen der Bienen erfüllten nicht nur den Garten, sondern durch die weit geöffneten Fenster auch die Räume mit sommerlicher Lebensfreude.

Wie üblich herrschte bei Bertrams ein reges Kommen und Gehen. Dabei fiel mir auf, daß die Russen, die mich früher freundlich grüßten, wenn sie mich nur hinter dem Vorhang sahen, neuerdings vorbeigingen, ohne mich eines Blickes zu würdigen, auch wenn ich am offenen Fenster stand. Ich konnte mir ihr Verhalten nicht erklären, bis zu jenem Tag, da ich mein Geldschränkchen holte. Herr Bertram malte nach einer Fotografie einen hohen russischen Offizier. Ich staunte, denn das Porträt war beinahe lebensgroß. „In ein paar Monaten ist der dreißigste Jahrestag der russischen Oktoberrevolution. Da gibt es viel zu tun", erklärte der Maler.

„Warum malen Sie eigentlich kein Stalinbild?" wollte ich wissen.

„Wenn die Russen alle Stalinbilder aufhängen wollten, die ich schon gemalt habe, dann müßten sie eine Galerie mieten", sagte Bertram lachend.

Es klopfte und Nikolai trat ein. Er sah mich und ging schnell auf den Maler zu. Mit gestrecktem Zeigefinger deutete er auf mich. „Du! Bertram! Towarisch! Schwarze Katze nix gut. Schwarze Katze sehr gefährlich!", ereiferte er sich.

„Aber Nikolai, was hast du denn? Fräulein Bachthaler ist doch ein reizendes Mädchen!"

„Nix gut! Nix gut!" beteuerte er und sprach russisch weiter.

Da ging mir ein Licht auf. Nikolai, der Horst, Rolf und Dieter im Büro gesehen hatte, als er mich besuchen wollte, hielt mich für ein männerverschlingendes Ungeheuer. Deshalb wurde ich von ihm und seinen Kameraden mit Verachtung gestraft.

‚Es schadet gar nichts, wenn sie ein bißchen Respekt haben, wer weiß, wozu es gut ist!' dachte ich.

Als das Telefon läutete, nahm ich mein Schränkchen und lief in das Büro hinüber. Horst war am anderen Ende der Leitung. Er beauftragte mich, für abends acht Uhr alle Ausschußmitglieder zusammenzurufen, auch Dieters und meine Anwesenheit sei erforderlich. „Sag ihnen bitte, es ist dringend und wichtig!" schloß er.

Willi und Rolf waren an ihren Arbeitsplätzen telefonisch zu erreichen, Hilde wohnte in der Nachbarschaft, arbeitete allerdings tagsüber im Kindergarten in Prenzlau, deshalb hinterließ ich ihrer Mutter Bescheid, Dieter benachrichtigte Käthe.

Die Mitglieder der Jugendleitung saßen vollzählig und pünktlich um den großen runden Tisch. Nach einer kurzen Begrüßung kam Horst zur Sache: „Gestern war ich in Prenzlau in unserer Kreisjugendleitung, dort ist mir wieder einmal nahegelegt worden, angesichts unserer hohen Mitgliederzahl einen hauptamtlichen Jugendleiter einzusetzen. Ich kann es nicht machen, denn in zwei Jahren erreiche ich die Altersgrenze, dann fange ich wieder von vorne an, andererseits könnte ich mich beruflich enorm verbessern, wenn ich mich nach Greifswald versetzen ließe. Ich schlage also vor, daß wir demnächst eine Jugendleiterwahl durchführen. Am besten wäre es, wenn einer von euch sich bewerben könnte."

Willi schaute zu Rolf hinüber und fragte: „Wie wärs denn mit dir? Du bist doch mit deinem Arbeitsplatz ganz und gar nicht zufrieden."

Rolf, der bei einem alten Ehepaar in einem Textilgeschäft arbeitete, winkte ab: „Das stimmt, aber mir gehts wie Horst. In zwei Jahren werde ich fünfundzwanzig. Es wird höchste Zeit, daß ich einen richtigen Beruf finde, ich habe mich bei der Polizei beworben. Ich rechne jeden Tag mit Antwort."

Willi war zwar jünger als Horst und Rolf, erklärte aber, er dächte nicht daran, seine leitende Stellung bei der Sparkasse aufzugeben.

Hilde beabsichtigte sogar, in Prenzlau ein Zimmer zu mieten, weil ihr die tägliche Fahrerei zu anstrengend wurde.

Käthe, die zierliche, dunkelhaarige Sportlehrerin meinte: „Wir verbringen unsere ganze Freizeit in der FDJ, weils Spaß macht, weil wir hier eine verschworene Gemeinschaft sind. Hoffentlich finden wir jemanden, der zu uns paßt!"

Vorerst blieb nichts anderes übrig, als die Wahl anzukündigen und um Kandidatenvorschläge aus den Reihen der Mitglieder zu bitten.

Der erste Kandidat ließ nicht lange auf sich warten, er schlug sich selbst vor. Rudi Jeschke.

Dieter Müller kannte ihn, er hielt ihn für einen Angeber und konnte ihn nicht leiden.

Die Referenten verbrachten jede freie Minute im FDJ-Büro. Sie berieten über den Wahltermin, entwarfen Plakate, schrieben Einladungen, doch auf weitere Kandidatenmeldungen hofften sie vergeblich.

Horst berief noch einmal eine Ausschußsitzung ein und gab zu bedenken, daß sich kein Mensch für die Wahl interessiere, wenn wir nur einen Kandidaten hätten. „Wir brauchen noch einen Bewerber, damit die Sache spannend wird", meinte er.

Rolf schaute mich an: „Du hast doch in der letzten Versammlung von deinem Platz aus einen Bericht über die Einnahmen und Ausgaben beim Frühlingsfest gegeben und Fragen beantwortet; das hast du prima gemacht! Hättest du auch den Mut, vom Podium aus zu Zuhörern zu sprechen?"

„Natürlich. Warum fragst du?" wunderte ich mich.

Rolf wandte sich an alle: „Ich unterbreite einen Vorschlag: Wir stellen Monika auf. Als Mädchen hat sie zwar weniger Chancen, sollte sie dennoch gewählt werden, unterstützen wir sie sowieso."

„Die Jugendfreunde kennen mich doch gar nicht", gab ich zu bedenken.

Dieter widersprach: „Die haben dich auf dem Frühlingsfest gesehen und sind begeistert von dir. Wetten, daß du es schaffst? Ich wähle dich auf jeden Fall."

Nun redeten mir auch die anderen zu. „Gut", sagte ich, „wenn sich sonst niemand findet, mache ich mit."

Kurz vor Ablauf der Anmeldefrist wurde mein Name als zweiter auf die Kandidatenliste gesetzt.

Der Wahltag kam. Lange vor Beginn der Versammlung waren im Lindengartensaal alle Bänke und Stühle besetzt.

„Grüß Gott, Monika!" sagten einige Jugendfreunde, als ich an ihnen vorbei nach vorne ging.

Unter Horsts und Willis sachkundiger Leitung verlief die Wahl zügig und reibungslos. Einhundertsechsundzwanzig Stimmen wurden ausgezählt und anschließend das Ergebnis bekanntgegeben.

Erst glaubte ich, mich verhört zu haben. Als Horst auf mich zukam, um mir zu gratulieren, begriff ich: Mit mehr als sechzig Prozent aller Stimmen war ich zur Jugendleiterin der FDJ Strasburg gewählt worden.

Ich stand auf und hielt meine erste öffentliche Rede in der Freude über den Wahlausgang ohne eine Spur von Lampenfieber. Viele Jugendfreunde drängten nach vorne, um mich zu beglückwünschen. Noch einmal ging ich an das Rednerpult, um mich bei allen zu bedanken, dann verabschiedete ich mich und lief nach Hause, um Reinhard von meinem Wahlsieg zu berichten. Gespannt hörte er zu, dann lachte er. „Du mit deiner politischen Ahnungslosigkeit willst eine Jugendgruppe leiten?"

Daran hatte ich längst gedacht und vor der Wahl, als ich den Versammelten vorgestellt wurde, die politische Aufklärung als eine der wichtigsten Aufgaben angeführt.

„Wozu haben wir drei Parteien im Land? Ich bin sicher, daß sie für unsere Versammlungen die besten Redner aufbieten, wenn ich sie einlade", erwiderte ich.

Für mich begann ein neues Leben. Ich lernte die Vorsitzenden der Parteien, Organisationen und Vereine kennen und gewöhnte mich daran, zu allen politischen, kulturellen und sportlichen Veranstaltungen eingeladen zu werden, in der Reihe der Ehrengäste zu sitzen und namentlich begrüßt zu werden.

In Strasburg fanden viele Veranstaltungen statt, und ich war abends oft unterwegs. Als Hilde fortzog, übernahm ich auch noch den Chor, damit war ein weiterer Abend pro Woche verplant.

Kein Wunder, daß sich daheim das Stimmungsbarometer allmählich dem Gefrierpunkt näherte. Reinhard fragte, ob ich mit ihm oder mit der FDJ verlobt sei, und seine Mutter sparte nicht mit spöttischen Bemerkungen.

Da trat die neue Schriftführerin ihren Dienst an. Die Entlastung kam gerade rechtzeitig, jetzt hatte ich wenigstens tagsüber mehr Zeit für die Familie und für mich.

Dem Chor galt meine ganze Liebe. Ich warb in Versammlungen um Mitglieder und lud sie zu Chorproben ein. Der Chor, den ich mit dreißig Jungen und Mädchen übernommen hatte, zählte eine Woche später vierundvierzig Mitglieder, die auch weiterhin begeistert mitsangen und die Proben nur in Ausnahmefällen versäumten, vor allem, seit wir mit einem Buch mit mehrstimmigen alten Volksliedern arbeiteten, das ich in einem Büroschrank gefunden hatte.

Schon in der nächsten Versammlung konnten wir uns mit einem neuen Lied vorstellen. Dazu hatte ich den Ortsvorsitzenden der Sozialistischen Einheitspartei, Franz Neumann, gebeten, dem unser Gesang so gut gefiel, daß er den Chor spontan zu seiner nächsten Parteiveranstaltung einlud.

Neumann gab uns erst einen allgemeinen Bericht zur politischen Lage, dann pries er in den höchsten Tönen die Vorzüge seiner Partei.

Wie nicht anders zu erwarten, verfuhren später die Christdemokraten und die Liberaldemokraten in ähnlicher Weise, so daß das politische Gleichgewicht gewahrt blieb. Jedenfalls wurde auf diese Weise der Punkt unserer Satzung, wonach pro Monat eine politische Versammlung stattzufinden hatte, optimal erfüllt. Nach der SED wünschten auch andere Organisationen und Vereine die Mitwirkung unseres FDJ-Chores bei ihren Veranstaltungen. Seine Beliebtheit und sein Ansehen stiegen von Auftritt zu Auftritt. Da kam ein Vorschlag aus den Reihen der Chormitglieder: Sie wollten auch noch Theater spielen.

Von einem Berliner Bühnenverlag ließ ich mir Textbücher für Kurzszenen schicken, bestellte die angehenden Schauspieler in das Büro und wählte mit ihnen Stücke aus. Die Proben konnten beginnen.

Während alles, was ich in diesen Monaten unternahm, zum Erfolg führte, steckte Reinhard in großen Schwierigkeiten. Die Zeit der Ernte war angebrochen, und in seiner Abteilung begann wieder das tägliche Zahlenspiel. Er war abgespannt und gereizt, wenn er abends, nicht selten erst nach Überstunden, heimkam.

Die Maschinenausleihstation, eine volkseigene Einrichtung, arbeitete bis in die Dunkelheit, die Bauern, die eigene Maschinen besaßen, halfen sich gegenseitig aus. Nach der Ernte mußte sofort gedroschen werden, die Landwirtschaft stand unter dem Druck der Sollerfüllung. Zu allem Überfluß tauchte der russische Landwirtschaftsoffizier mehrmals täglich im Rathaus auf. Er war ein unhöflicher Mann, der sofort lospolterte, wenn man ihm widersprach.

Eines Abends kam Reinhard vergnügt schmunzelnd zur Türe herein. „Ich habe einen neuen Freund gefunden", sagte er und erzählte: Zwei Dreschmaschinen waren ausgefallen. Die betroffenen Bauern beklagten in der Landwirtschaftsabteilung, daß sie nicht in der Lage seien, ihre Tagesberichte abzugeben. Reinhard fackelte nicht lange, er wies sie an, nicht untätig herumzustehen, sondern inzwischen ihre Äcker zu pflügen; zum Dreschen sei immer noch Zeit. Er hatte die Rechnung ohne den russischen Landwirtschaftsoffizier gemacht, der die pflügenden Bauern bei einer Rundfahrt entdeckte. Als er erfuhr, daß die beiden noch nicht gedroschen hatten, raste er ins Rathaus und tobte in Reinhards Büro. Der bemühte sich, ruhig zu bleiben, da wurde der Russe erst recht wütend: „Osswald! Du Sabotage! Du NKWD! Sofort!"

Mit ihrem Geheimdienst drohten die Russen mit Vorliebe.

Reinhard verließ den Raum. Eine Weile wartete der Offizier, dann lief er aus dem Haus und stutzte. Der Gemaßregelte saß in seinem Auto.

„Was du machen?" fuhr er ihn an.

„Ich soll doch zur NKWD?"

Der Russe riß die Wagentüre auf und schrie: „Idi suda! Dawai, dawai! Raboti, raboti! Schnell an die Arbeit!" Dabei fuchtelte er mit den Armen herum, als verscheuche er Hühner. Reinhard stieg aus und ging seelenruhig nach oben. Der Russe folgte ihm, setzte sich an den Schreibtisch und ließ zum erstenmal ruhig und sachlich mit sich verhandeln.

Reinhard brachte noch eine Neuigkeit mit nach Hause, über die er aber nur mit mir sprach: Vor einigen Wochen lag auf seinem Schreibtisch ein Aufnahmeantrag für die SED, den er achtlos in den Papierkorb warf. Nun fand er ein zweites Formular. Franz Neumann, der neben seiner Parteifunktion das Amt des zweiten Bürgermeisters von Strasburg bekleidete, gab zu, daß er Reinhard für seine Partei gewinnen wolle.

Reinhard erklärte ihm, daß er eigentlich nicht die Absicht habe, in eine Partei einzutreten.

„Auch nicht in die CDU?" fragte Neumann.

„Nein. Auch nicht in die CDU", bekräftigte Reinhard.

Neumann bot ihm an, ihn als Nachfolger für Stadtinspektor Paulus zu empfehlen, der bald in den Ruhestand trete.

Reinhard sah mich nachdenklich an. „Überleg dir, dann wäre ich Leiter der Abteilung I, also geschäftsführender Abteilungsleiter, Personalchef und Standesbeamter. Allerdings hätte ich dann meine halbe Seele an die SED verkauft."

Die Landesjugendleitung der FDJ brachte ein Rundschreiben heraus, worin die Mitglieder aufgefordert wurden, sich in einem Teil ihrer Ferien oder ihres Urlaubs als Erntehelfer zur Verfügung zu stellen. In Strasburg meldeten sich acht Mädchen und Jungen, die in Werbelow, einem staatlichen Gut, eingesetzt wurden.

Schon nach einigen Tagen beklagten sich die Jugendfreunde über die schlechte Behandlung und die unzureichende Verpflegung. Ich beschwichtigte den aufgebrachten Sprecher der Gruppe und versprach, sofort nach Werbelow zu kommen.

Aus der Osswaldschen Werkstatt lieh ich mir das alte Fahrrad und trat kräftig in die Pedale. In der Mittagspause hoffte ich, alle Beteiligten zu treffen. Kurz vor Werbelow vernahm ich einen leisen Pfeifton; der Vorderreifen gab seinen Geist auf, den letzten Teil des Weges mußte ich das Fahrrad schieben.

Die Jugendfreunde erwarteten mich am Eingang zum Gutshof. Für lange Erklärungen blieb keine Zeit mehr; gemeinsam gingen wir zum Verwalterehepaar. Ich brachte die Beschwerden vor, da brauste die Frau auf: „Auf dem Feld leisten sie viel weniger als andere Helfer, dafür toben sie in ihrer Freizeit im Gutshof herum!"

„Fünfzehn- und Sechzehnjährige, die noch im Wachstum sind, haben nicht die Kraft von Erwachsenen", warf ich ein, „aber Lebensmittelmarken-Sonderzuteilungen bekommen Sie auch für Jugendliche."

Der Verwalter suchte nach Ausflüchten.

Ich blieb beharrlich: „Meine Freunde haben sich freiwillig gemeldet, und wenn sie nicht gut behandelt werden, rufe ich sie zurück!"

Schließlich versprachen der Verwalter und seine Frau, für bessere Behandlung und Verpflegung zu sorgen.

Ich ließ mir noch die Unterkünfte zeigen und verabschiedete mich von den Mädchen und Jungen.

Fahrradflickzeug aufzutreiben erwies sich als nutzloses Unterfangen, so machte ich mich am frühen Nachmittag auf den Heimweg. Neun Kilometer – das ging mir gerade noch ab, dabei hatte ich Reinhard und seinen Eltern versprochen, sie am Abend zum Schlosserball zu begleiten.

Nach einer knappen Stunde erreichte ich Milow, wo ein Bauer lebte, der Kunde in Osswalds Werkstatt war. Die Familie saß beim Abendessen und begrüßte mich freundlich. Mein Magen knurrte, doch ich bekam weder einen Teller Suppe noch ein Fahrradflickzeug. Die Leute versprachen wenigstens, Reinhard telefonisch von meinem Mißgeschick zu verständigen.

Ich lief Stunde um Stunde, niemand begegnete mir. Langsam brach die Dunkelheit herein. Als ich endlich die Hauptstraße erreichte, ließ sich wenigstens das Rad leichter schieben und auch das Barfußlaufen war angenehmer; die Schuhe hatte ich längst auf den Gepäckträger geklemmt.

Endlich sah ich die Lichter von Strasburg. Müde und erschöpft kam ich zu Hause an.

Ich trug weder einen Haus- noch einen Wohnungsschlüssel bei mir und mußte den Bäcker herausklopfen, um wenigstens ins Haus zu gelangen. Schon von weitem hatte ich gesehen, daß in der Osswaldschen Wohnung alle Fenster dunkel waren, also setzte ich mich auf die schwere Truhe, die in dem geräumigen Treppenhaus stand, zog die Beine an und wartete.

Es dauerte nicht lange, da wurde die Haustüre aufgesperrt. Meine Schwiegermutter kam schnaubend die Treppe herauf: „Da bist du ja endlich. Hast du denn gar nicht daran gedacht, wie peinlich es für Reinhard ist, wenn er allein zum Tanzen gehen muß? Bitte, zieh dich um und komm mit!"

„Sag Reinhard bitte, er soll nicht böse sein, aber meine Füße brennen und ich bin todmüde."

„Du läßt dir wirklich keine Gelegenheit entgehen, uns zu ärgern!"

Sie schloß die Wohnungstüre auf, gab mir den Weg frei und wartete. Ich ging in mein Zimmer und war nach wenigen Minuten ausgehfertig; auf dem Weg zum Ballsaal sprach sie kein Wort.

„So, sieht man dich auch einmal wieder", begrüßte mich Reinhard und wandte sich seinen Tischnachbarn zu, um sich weiter angeregt mit ihnen zu unterhalten.

Im Saal herrschte eine ausgelassene Stimmung, es wurde getanzt, getrunken und gelacht. Reinhard beachtete mich gar nicht. ‚Manchmal ist er genauso kalt wie seine Mutter', ging es mir durch den Kopf. Ich dachte an Rolf, der mir sicher auf dem Weg nach Milow entgegengegangen wäre, um wenigstens das Rad zu schieben. Schade, daß ich ihn seit Wochen nicht gesehen hatte.

An unsere letzte Begegnung konnte ich mich noch genau erinnern: Es war an einem sonnigen Junitag, da schob er einen großen Kirschzweig, der über und über mit dunkelroten Früchten beladen war, in das geöffnete Bürofenster und rief: „Guten Appetit!"

Ich war ans Fenster gelaufen: „Rolf, Kirschen werden anders geerntet!"

„Keine Zeit!" hatte er lachend erwidert und war davongerannt. Seit dem Frühlingsfest schlich Rolf sich immer öfter in meine Gedanken.

Mitternacht mußte längst vorüber sein, denn die ersten Ballbesucher brachen auf. Reinhard und seine Eltern vergnügten sich noch immer köstlich, und es störte sie kein bißchen, daß mir vor Müdigkeit die Augen bald zufielen und ich wie ein Mauerblümchen in der Ecke saß.

Da wurde es mir zu bunt. Ich erinnerte Reinhard an meine Festvorbereitungen für den kommenden Abend und sagte, ich wolle heim.

„Oh Gott! Entschuldige!" sagte er mit einem Blick auf die Uhr und erhob sich.

Alwine Osswald zeigte sich ebenfalls überrascht: „So spät ist es schon!" und meinte, zu ihren Tischnachbarn gewandt: „Wissen Sie, unsere Monika leitet morgen abend hier eine Theateraufführung."

Schade, daß Osswaldsches Familienleben nicht öfter vor Publikum stattfand!

Beim Sommerfest des Männergesangvereines ‚Liederkranz' in Gastwirt Krulls Lokal gab unsere Theatergruppe ihr Debüt mit dem Zwanzigminutensketch ‚Der Einbrecher', bei dem ein Dieb den Selbstmord eines Grafen verhindert, die habgierigen Erben entlarvt und vom Grafen reich belohnt wird.

Die Darsteller hatten geprobt und Kulissen gemalt und eifrig Kostüme und Requisiten herbeigeschafft. Dieter, er spielte einen gräflichen Erben hatte den lieben langen Tag das Wort ‚Halluzination' vor sich hingemurmelt. Er konnte es einfach nicht behalten.

Vier Tage vor der Aufführung war der ‚Dieb' erkrankt. Wir hatten keinen Ersatz gefunden. Ich mußte die Rolle selber spielen. Der Friseur lieh mir einen Oberlippenbart zum Ankleben. Meine Haare steckten unter einer Schirmmütze.

Zitternd vor Aufregung standen wir hinter der Bühne, bis sich der Vorhang hob.

Doch klappte alles wie am Schnürchen und unsere Theaterpremiere wurde ein voller Erfolg. Daß Dieter ‚Hazullination' gesagt hatte, war gar nicht aufgefallen.

Die Zuschauer erkannten mich erst, als ich Bart und Mütze abnahm und spendierten für meine Hosenrolle donnernden Applaus.

Wir räumten Kulissen und Requisiten beiseite und gaben die Bühne für die Musiker frei, die auch gleich zum Tanz aufspielten.

Wie immer, wenn ich Aufmerksamkeit erregte, war Reinhard sehr stolz auf mich und wich den ganzen Abend nicht von meiner Seite.

Das Thermometer fiel und die Nächte wurden merklich länger. Die Rüben- und Kartoffelernte war längst eingebracht, in der Landwirtschaftsabteilung gab es endlich eine Verschnaufpause, umsomehr wunderten wir uns, als Reinhard eines Abends erst sehr spät nach Hause kam.

Er zog eine angebrochene Flasche Likör aus der Tasche und stellte sie auf den Tisch. Seine Eltern schauten ihn fragend an. Ich war verblüfft: „Wir haben wohl das große Los gezogen?"

„Mehr, mehr mein Schatz", erwiderte Reinhard, „oder billigst du dem neuernannten Leiter der Abteilung I nicht zu, mit seinen Kollegen und Anverwandten das Glas zu heben?"

Seine Eltern beglückwünschten ihn strahlend vor Stolz, ich umarmte ihn. Mit dem restlichen Likör stießen wir auf das erfreuliche Ereignis an.

Reinhard schwärmte von seinem neuen Büro mit Vorzimmer und lud uns ein, es zu besichtigen.

Zwar brauchte er sich jetzt nicht mehr um Sollerfüllung und Anbaupläne zu kümmern – als Vorgesetzter war er nur noch indirekt verantwortlich – dafür war seine Anwesenheit jedesmal erforderlich, wenn der Bürgermeister Stadtratssitzungen einberief oder in Bau-, Finanz-, Personalangelegenheiten und Fragen des sozialen Bereiches Leute zu sich bestellte.

Es dauerte nicht lange und Reinhard ging abends öfter weg als ich. Seine Eltern verbrachten die Feierabende meistens allein, und vor allem seine Mutter langweilte sich; wir hörten deswegen manchen Vorwurf.

Von einem Tag auf den anderen billigte sie nicht nur wohlwollend unsere abendlichen Unternehmungen, unser ganzes Familienleben verlief in trauter Harmonie: Tante Else war zu Besuch gekommen Alwine Osswalds älteste Schwester. Sie war sehr belesen, wirkte ruhig und vornehm, das muß für Schwiegermutter ein Ansporn gewesen sein, sich ebenso zu geben.

In die Zeit von Tante Elses Besuch fiel Reinhards erste Amtshandlung als Standesbeamter. Es war ausgerechnet seine langjährige Freundin Minchen Moll, die er einem Justizreferendar antrauen mußte.

Schwiegermutter ließ es sich nicht nehmen, der kirchlichen Trauung beizuwohnen, Tante Else mußte sie begleiten.

Die Rückkehr der beiden war nicht zu überhören. Schon auf der Treppe redete Schwiegermutter mit hohem Stimmaufwand auf Tante Else ein, in der Wohnung wurde der Disput fortgesetzt: „Es ist Voile, ich habe ihn oft verarbeitet", sagte Tante Else versöhnlich.

Schwiegermutter, mit unverminderter Lautstärke: „Es ist der gleiche Stoff wie bei meiner Bluse und das ist Tüll."

„Alwine, ich kenne mich in Stoffen besser aus als du."

„Nein, du bist nur dickköpfiger!"

„Ich würde wetten, daß es Voile ist. Glaub mir doch!"

„Du willst nur wieder recht haben. Minchens Brautkleid ist aus Tüll, und Schluß."

Reinhard schaltete sich ein: „Ich bin zum Kaffee eingeladen, da werde ich Minchen fragen. Es wird sich doch feststellen lassen, was das für ein Stoff ist."

Damit war das Thema vorerst abgeschlossen.

Erwartungsvoll schauten die beiden Schwestern auf Reinhard, als er gegen Abend kam. Er zwinkerte Tante Else zu und sagte: „Es ist Voile!"

Alwine Osswald holte tief Luft und zischte: „So ist es recht. Jetzt weiß diese dämliche Ziege selber nicht, aus welchem Stoff ihr Brautkleid ist."

Tante Else reagierte mit einer wegwerfenden Handbewegung. „Dieses Rechthaberische hat sie schon als Kind gehabt", erklärte sie uns.

Ihr gefiel es trotz der Reibereien in Strasburg; ich war ihr dankbar, so konnte ich die Abende im Jugendheim verbringen, ohne den Unwillen meiner Schwiegermutter zu erregen. Die Vorbereitungen für die nächste Veranstaltung liefen nämlich auf vollen Touren. Schon hingen Plakate an Bäumen und Anschlagtafeln, die die große Herbstveranstaltung der CDU im Gasthaus Krull mit Theater- und Choreinlagen der FDJ und anschließendem Tanz ankündigten.

Die Parteien handelten nach dem gleichen Rezept: Die Ortsvorsitzenden begrüßten die Gäste nicht nur, sie hielten auch ein Kurzreferat und brachten auf diese Weise ihre Parolen unter die Leute. Der anschließende Unterhaltungsteil mit nachfolgendem Tanz garantierte ihnen immer einen vollen Saal.

Auch ich wußte, was ich meiner Organisation schuldig war. Wir sangen zwar lieber mehrstimmige Volkslieder, aber es gab typische FDJ-Lieder, die die Jugend vor allem aufriefen, beim Aufbau der zerstörten Heimat mitzuhelfen. Wir hatten ein solches Lied mit dem Titel ‚Es rosten die starken Maschinen' im Repertoire und eröffneten damit jede politische Veranstaltung.

Eines Tages landete ein Päckchen ohne Absender im Büro. Es enthielt ein Rostschutzmittel. Sofort gingen wir daran, ein zweites FDJ-Lied zu proben.

Eine Woche vor der CDU-Veranstaltung rief mich Franz Neumann an und sagte, daß er für die SED am gleichen Tag wie die CDU einen Tanzabend im ‚Volksgarten' geplant habe. Er hoffe auf die Mitwirkung der FDJ. Ich riet ihm, den Termin zu verschieben, weil wir der CDU zugesagt hätten.

„Mädchen, mach keinen Mist. Ich rechne schwer mit dir", brummte er und legte auf. Ich war überrascht, daß Neumann einfach über die FDJ verfügte und mich duzte. Doch dann kam mir ein Gedanke...

Die Gaststätte Krull war bis auf den letzten Platz besetzt. Der Ortsvorsitzende der CDU hatte seine zwanzig Minuten dauernde ‚Begrüßung' beendet. Wir sangen zwei Lieder und führten wegen des großen Erfolges beim Gesangverein den Sketch ‚Der Einbrecher' noch einmal auf. Dann gingen wir direkt von der Bühne durch den Hinterausgang zum acht Minuten entfernten ‚Volksgarten'. Die Schauspieler behielten die Kostüme an, Chormitglieder halfen, Marmortischchen, Plüschsessel, Gipsbüste und Kerzenleuchter von einer Bühne zur anderen zu transportieren. Wir warteten die erste Tanzpause ab, schlichen über den Garderobeneingang hinter den Vorhang, bauten das Bühnenbild auf und wiederholten unser Programm.

Sicher wunderten sich die Gäste, daß die große Jugendgruppe nach ihrem Auftritt plötzlich wie vom Erdboden verschwunden war.

Pünktlich zur verabredeten Zeit standen wir wieder mit zwei Liedern und einem kleinen Sketch in Krulls Gasthaus auf der Bühne, um danach abermals das Lokal zu wechseln.

Unsere Auftritte brachten uns bei beiden Veranstaltungen lang anhaltenden Beifall ein.

Nach getaner Arbeit blieben wir im ‚Volksgarten'; die Tanzfläche war größer, und die Musik gefiel uns besser.

Ich war erstaunt, daß Neumann in dieser Nacht kein Wort mit mir sprach, noch mehr wunderte ich mich, daß er mir einige Tage später durch Reinhard sagen ließ, ich sei im Begriff, eine große Dummheit zu machen. Auch Reinhard konnte sich nicht erklären, was er damit meinte. Ich vergaß es wieder und erledigte meine Arbeit wie bisher.

Mit Helga, so hieß unsere Schriftführerin, beantwortete ich gerade Briefe, als Rolf ins Büro trat, und einen Umschlag auf meinen Schreibtisch legte: „Meine Austrittserklärung. Ich bin gekommen, um mich zu verabschieden."

„Willst du verreisen?", wollte ich wissen.

„Ich habe mich nach Eberswalde versetzen lassen. In der Polizeischule hat man mir gesagt, daß ich dort bessere Aufstiegsmöglichkeiten habe."

Schweigend begleitete ich ihn in den Garten. Das Laub an den Linden verfärbte sich schon, es regnete.

„Der Sommer war wunderschön. Schade, daß er vorbei ist", sagte ich leise.

„Du wirst sehen, der nächste Sommer wird noch schöner." Er schaute mich vielsagend an. Dann drückte er meine Hand an seine Lippen. „Ich werde dich besuchen, so oft ich Zeit habe", versprach er.

Ich lief in das Büro zurück; mir war zum Heulen.

Keine Woche war vergangen, da erzählte mir Tante Havelfink, daß sie sich entschlossen habe, ihren Lebensabend bei ihrer Schwester in Sachsen zu verbringen.

So schwer mir auch dieser Abschied fiel, er brachte etwas Gutes: Meine mütterliche Freundin nahm nur einen Teil ihrer Wohnungseinrichtung mit, und ich konnte mit meinen Ersparnissen und Reinhards finanzieller Beteiligung die ersten Möbel für unseren zukünftigen Hausstand kaufen: zwei Betten mit Matratzen, ein großer, schwerer Schrank, ein Eßzimmertisch und vier Stühle landeten auf dem geräumigen Dachboden in der Falkenberger Straße, wo wir wohnten.

Trotzdem dachte ich oft an Tante Havelfink und vermißte sie sehr. Allein durch den Gedanken, bei ihr im Notfall ein Unterkommen zu finden, war das Zusammenleben mit Reinhards Mutter viel erträglicher geworden, die allerdings nie besonders gut auf die alte Dame zu sprechen war und schon auf eine leise Andeutung hin abgewehrt hatte: „Du willst dich doch nicht bei der ollen Havelfinkschen einquartieren. Was sollen denn die Leute denken, wenn du von Reinhard wegziehst!"

In meinem Zimmer war es wieder kalt, und die Zeit nahte, wo sich die Familie meistens in der Küche aufhielt, weil bei Osswalds nur am Wochenende im Wohnzimmer eingeheizt wurde; mir graute vor den Winterabenden.

Tante Else war längst abgereist, Reinhard ging fast jeden Abend zu einer Sitzung, und ich beschäftigte mich mit der Zeitung, hörte Radio oder unternahm Abendspaziergänge.

An jeder Straßenecke waren die Vorbereitungen zum dreißigsten Jahrestag der russischen Oktoberrevolution in vollem Gange. Die Besatzungssoldaten plakatierten und schmückten ihre bunten, hölzernen Triumphbögen, die fast jedes Stadtviertel verunzierten, mit girlandenbekränzten Bildern ihrer politischen Größen; die Bertramschen Kolossalgemälde waren rechtzeitig fertig geworden.

Weil es zu diesem Thema genügend Informationsquellen gab, traute ich mir zu, die politische Monatsversammlung selbst zu gestalten, und nahm an diesem Abend zufrieden zur Kenntnis, daß die Jugendfreunde nicht weniger aufmerksam zuhörten, als bei den Vorträgen erfahrener Politiker.

Die Russen feierten in diesen Tagen ein Fest nach dem anderen und der Wodka floß in Strömen. Auch die leitenden Herren der Stadtverwaltung, die Vorsitzenden der Vereine und Verbände wurden in die russische Kommandantur gebeten, und Reinhard machte sich im dunklen Anzug auf den Weg.

Es war nach Mitternacht, als er geräuschvoll die Treppe heraufkam. „Denk ja nicht, das ich besoffen bin!" herrschte er mich an, als ich die Türe öffnete.

„Wie käme ich darauf", beschwichtigte ich ihn und bemühte mich, das Lachen zu unterdrücken.

Reinhard, der das Haus barhäuptig verlassen hatte, trug einen Hut auf dem Kopf, einen zweiten hielt er in der rechten Hand. Über dem angewinkelten linken Arm trug er einen Schirm, den ich noch nie gesehen hatte.

Ich verfrachtete ihn sofort ins Bett und stellte vorsorglich einen Eimer bereit.

Am Morgen erzählte Reinhard bei einer Tasse ungesüßtem Pfefferminztee vom Verlauf der Feier.

Nach den Begrüßungsansprachen des Ortskommandanten, des Bürgermeisters und der Vereins- und Verbandsvorsitzenden hatten die Russen sich als großzügige Gastgeber gezeigt. Hartwurst, Speck in dicken Scheiben, Wodka wurden serviert. Leckerbissen, von denen ein deutscher Magen in dieser Fülle nur träumen konnte. Zwiebeln standen in Körben bereit. Die Soldaten aßen sie wie Äpfel, wohl, um die Wirkung des Alkohols zu dämpfen.

Die deutschen Gäste hatten ihre Gastgeber nicht „kränken" wollen und kräftig zugelangt.

Nach dem Tee brachte Reinhard seinen Kollegen die Hüte und dem Bürgermeister den Schirm zurück.

Wie er litten auch sie einige Tage unter den Nachwirkungen dieses Ereignisses.

Aus Ebenhausen kam endlich die erlösende Nachricht: Vater war heimgekehrt. Die Strapazen der Kriegsgefangenschaft hatte er verhältnismäßig gut überstanden. Er litt an Wassersucht, einer Folge mangelnder Ernährung, wie Doktor Mühls sagte.

Bis nach Saratow an der Wolga waren er und seine Kameraden transportiert worden.

Daheim fand er geordnete Verhältnisse vor. Mutter wollte ihre Stellung im amerikanischen Kasino behalten, bis Vater sich gesundheitlich in der Lage fühlte, sein Malergeschäft wieder zu eröffnen.

Für den Hausbau war meinen Eltern noch im Krieg Baumaterial zugeteilt worden und Mutter schaffte es mit Hilfe von Nachbarn und Freunden, den Rohbau zu erstellen. Sie hoffte, im kommenden Sommer endlich einziehen zu können.

Vor allem Ursula freute sich darauf. Zwei Jahre lang hatte sie Klavierstunden bei einer Bekannten genommen, wo sie auch üben durfte. Nun besaß sie ein eigenes Instrument, und in der kleinen Wohnung war es noch enger geworden. Jetzt unterrichtete eine Konzertpianistin die Schwester, die endlich ihr eigenes kleines Reich haben wollte, um in Ruhe üben zu können.

Mutter habe darauf bestanden, berichtete sie weiter, daß sie bei einem Musikprofessor vorspiele, der ihre Fähigkeiten jedoch höchstens für das pädagogische Fach für geeignet hielt.

Ich dachte an meine erste Geigenstunde nach den Sommerferien

1944, die zufällig mit meinem Geburtstag zusammenfiel. Hauptlehrer Meisinger erwartete einige Tage später einen ehemaligen Studienkollegen, der als Konzertmeister in Stuttgart arbeitete. Dieser Freund sollte mich prüfen und mir zu einem Platz in einem Jugendorchester verhelfen, damit ich weiterkäme, ohne meinen Eltern auf der Tasche zu liegen, meinte mein Lehrer. Auch Albert wurde erwartet.

Ein schöneres Geburtstagsgeschenk konnte ich mir nicht denken und rannte heim. Mutter hörte geduldig zu und sagte: „Du willst Musikerin werden? Selbstverständlich! Aber erst lernst du einen Beruf, mit dem du dir solche Spinnereien leisten kannst!" Dann telefonierte sie mit Meisinger, und der Traum war aus.

Ich sah ein, daß Ursula für ihre Arbeit im Haushalt eine Belohnung verdiente, aber daß Mutter ihr genau das anbot, was sie mir, auch auf inständiges Bitten hin, verwehrte, kränkte mich tief. Wenigstens verdiente ich inzwischen wirklich so viel Geld, um mir „solche Spinnereien" leisten zu können und besuchte, wenn es einzurichten war, die Proben und Aufführungen der Strasburger Kammermusikvereinigung, wo ich bald gute Freunde fand.

Im Büro war es zu dieser Jahreszeit ruhig. Veranstaltungen fanden kaum statt, nur der Chor traf sich regelmäßig zu Proben. Es war an einem Novemberabend kurz vor Feierabend, ich arbeitete an der Tagesordnung für die nächste Versammlung, als Frau Bertram zwei Besucher hereinführte. Die beiden stellten sich vor: „Lilly Jahn und Kurt Glaser von der Landesjugendleitung Potsdam."

Ich glaubte, den Grund ihres Besuches zu kennen. „Aha! Kassenprüfung!" sagte ich. Lilly nickte. Ich holte das Schränkchen aus der Bertramschen Wohnung und entnahm ihm Kasse und Kassenbuch.

Helga war äußerst sorgfältig, und so war es kein Wunder, daß die unangemeldeten Gäste nach kurzer Zeit ihre Unterschriften unter die letzte Eintragung setzten und das Buch zuklappten.

„Meine Mutter hat mir aus Bayern Kaffee geschickt. Darf ich euch eine Tasse anbieten?" fragte ich.

„Gerne", erwiderten die beiden. Ich stellte Tassen auf den großen runden Tisch.

„Welcher Partei gehörst du an?" wollte Kurt wissen.

„Keiner", antwortete ich.

„Warum nicht?" fragte Lilly.

„Ich hab noch nie darüber nachgedacht. Aber wenn ich eine überparteiliche Gruppe leite, kann ich mich doch gar nicht einseitig binden."
Kurt schaute mich an. „Ist das deine ehrliche Überzeugung?"
„Natürlich! Warum fragt ihr denn so komisch?" Ich fühlte mich unbehaglich.
Lilly warf ihrem Begleiter einen Blick zu, ehe sie sagte: „Es gibt Leute, die anderer Meinung sind. Es hocken immer mehr SED-Mitglieder in der Landesleitung und in den Kreisleitungen. Wir müssen alles tun, um uns durchzusetzen; noch sind wir stark genug. Solltest du Schwierigkeiten haben, komm zu uns nach Potsdam."
Ich schenkte Kaffee ein und sah nach dem Ofen. Die gute Frau Bertram achtete darauf, daß der Holzkorb und der Kohleneimer nicht leer wurden.
Wir unterhielten uns noch eine ganze Weile über unsere Sorgen und Probleme und ließen uns Zeit, denn die beiden konnten in Strasburg bei Bekannten von Kurt übernachten.
Osswalds schliefen schon, als ich nach Hause kam. Vorsichtig ging ich durch das Wohnzimmer, um Reinhard nicht zu stören, doch sein Bett war leer. Leise schlich ich in meine Kammer und war froh, daß niemand mich hörte; so konnte mir auch niemand Vorwürfe wegen meiner Verspätung machen.
Lange dachte ich noch über das Gespräch mit Lilly und Kurt nach, die mir beide sehr sympathisch waren. Was die für Probleme hatten! Ich hätte nicht mit ihnen tauschen mögen.
Fast geräuschlos wurde eine Türe geöffnet, mein Bräutigam passierte ein, gerade als die Wohnzimmeruhr zwölfmal schlug. Das muß eine anstrengende Sitzung gewesen sein, dachte ich.
Meine Absicht, sowohl seine als auch meine Verspätung zu übergehen, mißlang. Am gemeinsamen Frühstückstisch bemerkte seine Mutter: „Ihr seid ein schönes Brautpaar! Sie kommt um elf heim und er um zwölf."
Reinhard fuhr mich an: „Wo warst du?"
Ich erzählte von meinem Besuch. „Und wo warst du?"
„Ich... ich habe noch das Sitzungsprotokoll in die Maschine diktiert. Es muß heute morgen mit der Amtspost nach Prenzlau." Damit war der Fall erledigt. Zunächst jedenfalls.
Am Vormittag brachte ich den Antrag auf einen Zuschuß zur geplan-

ten Sportplatzrenovierung in das Rathaus. Schnell lief ich die Treppe hinauf, um Reinhard einen kurzen Besuch abzustatten. Im Vorzimmer saß Fräulein Bilge, seine Sekretärin. „Wenn ich nur das Mistprotokoll von der gestrigen Sitzung schon geschrieben hätte!" seufzte sie.
„Hatten Sie gestern Sitzungsdienst?"
„Nein. Fräulein Kuhnke."
Die Bilge schrieb vom Stenoblock. Demnach hatte Reinhard zwei Protokolle diktiert. Da stimmte doch etwas nicht! Ich wollte die Augen offenhalten. Doch bald schämte ich mich meiner Zweifel.

Am Samstag waren wir wie üblich mit Eberhard und Ellen verabredet; auf dem Hinweg legte Reinhard den Arm um meine Schultern. „Endlich haben wir wieder Zeit füreinander", sagte er, „du kannst dir nicht vorstellen, wie ich mich immer auf das Wochenende freue." Ich glaubte ihm nur zu gerne.

Grund zum Staunen fand ich am Montagmorgen, als ich in das Büro kam. Helga und Dieter debattierten in heller Aufregung. „Rudi Jeschke ist arbeitslos. Jetzt will er mit Gewalt Jugendleiter werden. Überall erzählt er, du würdest gegen unsere Statuten verstoßen. Sogar Helga und mich wollte er gegen dich aufhetzen. Aber da ist er an die Falschen gekommen", ereiferte sich Dieter.

„Und wie verstoße ich gegen die Statuten?"
„Angeblich fällst du der SED in den Rücken", antwortete Helga.
Rudi Jeschke war Mitglied der SED. Ich erzählte von Lillys und Kurts Besuch und empfahl meinen Mitarbeitern, die ganze Angelegenheit einfach stillschweigend zu übergehen.

Schon in der nächsten Monatsversammlung zeigte sich, daß das gar nicht so einfach war.

Der kleine Saal des ‚Lindengarten' war gut besetzt. Rudi Jeschke kam mit einem halben Dutzend Jugendlichen, von denen ich die meisten nicht kannte. Der Redner, ein Mitglied der Liberaldemokraten, gab erst einen Bericht zur allgemeinen politischen Lage, um dann in bewährter Manier aller Parteien über seine Organisation zu sprechen. Aus dem Kreis um Rudi Jeschke ertönte ein Zwischenruf: „Das interessiert uns nicht!"

„Halt gefälligst die Klappe!" antwortete eine laute Stimme, die keinen Widerspruch duldete; kein Wunder, sie gehörte dem Fußballtrainer der FDJ-Mannschaft.

Der Redner konnte seinen Vortrag ohne weitere Störungen beenden, ich aber nahm mir vor, alles zu versuchen, um solche Mißtöne künftig zu vermeiden.

Nach dieser letzten Veranstaltung vor Weihnachten hatte ich Zeit, durch die Stadt zu bummeln. In den Schaufenstern der Geschäfte lagen hübsche Weihnachtsgeschenke aus bemaltem Glas oder Holz, geschmackvolle Schnitzereien und Bilder. Ich kaufte mit großer Freude ein, und bald waren die Päckchen nach Ebenhausen unterwegs, die Geschenke für Reinhard und seine Eltern sicher versteckt.

Jahrelang hatte ich mein Geld daheim abgegeben oder gespart und mir nur gekauft, was ich dringend brauchte, nun genoß ich es, kleine, überflüssige Dinge auszusuchen, um anderen Freude zu bereiten. Für Helga besorgte ich eine kleine, holzgeschnitzte Schatulle, für Dieter fand ich ein postkartengroßes, handgemaltes Bild mit einer Berglandschaft.

Im Büro veranstalteten wir eine kleine Weihnachtsfeier. Helga und Dieter brachten selbstgebackenes Weihnachtsgebäck mit, Herr Bertram sorgte für Tannenzweige und Kerzen, ich steuerte Bohnenkaffee und die letzte Schokolade bei – seit Vaters Rückkehr bekam ich nur noch wenig Post aus Bayern. Als wir uns an den großen Tisch setzten, war das Büro von weihnachtlichem Duft erfüllt.

Frau Bertram tat geheimnisvoll, bis sie schließlich in ihre Wohnung hinüberging. Es dauerte nicht lange, da kam sie mit einer großen Kanne wieder. Die Überraschung war gelungen, köstlicher Punsch wurde ausgeschenkt.

Bertrams erzählten von ihrer schlesischen Heimat, von alten Weihnachtsbräuchen und von einer Zeit, da sie in ihrem eigenen Haus ein angenehmes Leben führten. Die Stunden vergingen wie im Flug. Ich sagte telefonisch daheim Bescheid, daß ich später käme, und erfuhr, daß Reinhard aus dem gleichen Grund kurz zuvor angerufen hatte.

Große Schneeflocken wirbelten vom Himmel, als Bertrams uns vor die Türe begleiteten. Ich wollte den vorweihnachtlichen Abend noch genießen und ging auf einem Umweg zur Stadtverwaltung hinüber. Wenn noch Licht brannte, wollte ich auf Reinhard warten. Das Rathaus lag im Dunkeln. Ich lief nach Hause und wunderte mich, daß Reinhard noch nicht da war. Wir hatten längst zu Abend gegessen, als er kam. „Unsere Weihnachtsfeier hat etwas länger gedauert."

„Welche Weihnachtsfeier?" fragte ich.

„Unsere Mädchen haben Tee und Gebäck mitgebracht. Da haben wir ein bißchen gefeiert."

„Wie ich vor einer Stunde dort vorbeikam, war das ganze Rathaus dunkel."

„Ach so", sagte Reinhard leichthin, „ich war noch bei der Kuhnke. Sie hat mich gebeten, ihren tropfenden Wasserhahn in Ordnung zu bringen."

„Hat sie denn keinen Freund?" stichelte ich.

Er wurde unwirsch: „Woher soll ich das wissen!"

Ich kämpfte mit Tränen. „Da stimmt doch etwas nicht...!"

Da wurde Reinhard laut: „Mach dich doch nicht lächerlich. Die Kuhnke sitzt mit der Bilge in meinem Vorzimmer. Wir haben den ganzen Tag miteinander zu tun. Da kann ich ihr doch einmal einen kleinen Gefallen erweisen!"

Ich versuchte, ruhig zu bleiben. „Das war wohl die gleiche Gefälligkeit wie die Sache mit dem Protokoll mitten in der Nacht, das Fräulein Bilge dann am nächsten Tag geschrieben hat."

Er brüllte mich an: „Was fällt dir eigentlich ein! Willst du mir unterstellen, daß ich ein Verhältnis mit der Kuhnke habe?"

Jetzt wurde ich wütend: „Du wärst nicht der erste, der auf dieses Flittchen hereinfällt."

Seine Mutter schaltete sich ein: „Du kannst Reinhard den Umgang mit anderen Frauen nicht verbieten, solange er Junggeselle ist."

„Soll ich mich denn betrügen lassen?"

Sie lächelte überlegen, und ich ahnte, was nun kommen würde: „Fräulein Kuhnke stammt aus guten Verhältnissen. Sie wohnt heute noch mit ihrer Mutter zusammen. Deine Eltern haben dich ohne Geld und Aussteuer losgeschickt, damit du dich in ein gemachtes Nest setzt. Wenn man aus so primitiven Verhältnissen kommt, hat man keine Forderungen zu stellen!"

Mit Schaudern dachte ich an die Monate zurück, wo ich ohne Arbeit und Einkommen nach Alwine Osswalds Pfeife tanzen mußte. Nun arbeitete ich, verdiente Geld, fühlte mich unabhängiger, und ihre Gehässigkeiten trafen mich nicht mehr sonderlich tief. Trotzdem ging ich in mein Zimmer. Ich spürte kein Verlangen, mich wegen einer unbedachten Äußerung ein zweites Mal auf den Knien entschuldigen zu müssen.

Heller Zorn stieg in mir auf, und er galt Reinhard. Hielt er mich wirklich für so dumm? Es bestand doch kein Zweifel, daß diese „Dame" hinter ihm her war. Wenn es auch keine Beweise gab, so wollte ich doch mit Ausflüchten und Tricks meine Zimmertüre nachts verschlossen halten, so gut es ging.

Am nächsten Morgen saß Reinhard, der sonst früher ging als ich, noch in der Küche. „Ich habe auf dich gewartet", sagte er.

Ich frühstückte ohne Appetit, danach verließen wir gemeinsam das Haus.

„Ich wollte dir nur sagen, daß ich selbst weiß, was ich zu tun habe und mir von dir keine Vorschriften machen lasse", sagte er streng.

„Wie du willst. Aber wenn du dich mit einer anderen abgibst, gehe ich sofort nach Bayern zurück."

„Zu deiner Mutter? Die wird sich freuen", spöttelte er.

„Zu meinem Vater."

Er blieb stehen. „Ist das dein Ernst?"

„Glaubst du, mir ist nach Spaß zumute?"

„Aber Monika, wir wollen doch heiraten. Ich... ich liebe dich doch!"

„Du machst es mir manchmal schwer, daran zu glauben!"

Es kamen die Weihnachtstage. Reinhard begleitete mich in die Kirche und half mir in der Küche. Er führte mich aus und schenkte mir Blumen, um mir zu zeigen, wie er mich liebte. Meine Welt war wieder einmal in Ordnung.

Zu Silvester luden Ellen und Eberhard alle Freunde ein. Ein Zimmer war ausgeräumt, der Teppich aufgerollt. Aus einem Grammophon erklang leise Tanzmusik. Der andere Raum diente zur Unterhaltung und Stärkung mit feinen Überraschungen aus Ellens Küche und einem reichen Getränkeangebot.

Die anderen Paare waren etwas älter als Reinhard und ich, und er wachte eifersüchtig darüber, daß die anderen Herren mir nicht zu nahe kamen.

Viele Neujahrsglückwünsche zeigten mir, wie groß mein Freundes- und Bekanntenkreis innerhalb eines Jahres geworden war. Ein Neujahrsbesuch allerdings gab mir zu denken: Es war am ersten Arbeitstag im FDJ-Büro, ich hatte gerade den Mantel abgelegt, da kam Franz Neumann, der SED-Vorsitzende, zur Türe herein. Er kam ohne Umschweife zur Sache: „Fräulein Bachthaler, es wird langsam Zeit, daß Sie eine gerade Linie in Ihre Politik bringen!"

„Meinen Sie nicht auch, daß es genügt, wenn ich die Anweisungen der Landesjugendleitung befolge?", erwiderte ich vorsichtig.

„Ihre Politik ist rückständig. Sie werden Schwierigkeiten bekommen, wenn Sie sie nicht ändern. Ich mag Sie sehr gern, darum komme ich auch persönlich zu Ihnen. Aber lange kann ich die Unannehmlichkeiten nicht mehr von Ihnen fernhalten!"

„Ich will eine umfassende politische Information für meine Jugendfreunde und keine einseitige Beeinflussung. Was ist denn daran falsch?"

„Die SED ist die stärkste Partei. Es wird nach der nächsten Wahl keinen liberalen und keinen christdemokratischen Bürgermeister mehr geben. Glauben Sie mir das bitte. Es gibt keine Alternative zum Sozialismus!"

Ich hegte nicht den leisesten Zweifel, daß es ihm Ernst damit war, auch wenn er ruhig blieb und seine Neujahrswünsche für mich und die FDJ Strasburg sogar ausgesprochen freundlich aussprach.

Am Abend unterhielt ich mich mit Reinhard über Neumanns Besuch. Da ich ohnehin die SED gebeten hatte, das Hauptreferat in unserer nächsten Monatsversammlung zu übernehmen, brauchte ich nichts zu überstürzen.

Aber es gab keine andere Möglichkeit: Dieses Problem ließ sich nur mit Lillys und Kurts Hilfe in Potsdam lösen. Zufällig erhielt Reinhard wenige Tage später eine Einladung zu einer Tagung in Berlin. Die Gelegenheit, mit ihm reisen zu können, ließ ich mir nicht entgehen, und wir begannen sofort mit den Reisevorbereitungen.

Es gab jemanden, der sich über unsere Berlinfahrt über die Maßen freute: Tante Anna. Sie antwortete postwendend auf unsere Anfrage, ob wir bei ihr übernachten könnten.

Schwiegermutter hatte Brot und Kuchen gebacken. Vom letzten Schlachtfest war noch Pökelfleisch da, Butter und Zuckerrübensirup wurden eingepackt. Reinhard verstaute noch eine Flasche Likör im Gepäck, dann schleppten wir Rucksäcke und Taschen zum Bahnhof.

In Richtung Berlin verkehrten von Pasewalk aus wesentlich mehr Züge als in Richtung Strasburg, und wir kamen schon nach wenigen Stunden im Stettiner Bahnhof an.

Nach vierzehn Monaten gingen wir wieder durch die Joachim-Friedrich-Straße, überquerten den kleinen Hof und stiegen die vier Treppen zum vierten Stock hinauf. Tante Anna war glücklich, uns wiederzusehen. Als wir unsere Taschen auspackten, bekam sie feuchte Augen.

Dann saßen wir in ihrem gemütlichen Wohnschlafzimmer. Reinhard entkorkte die Likörflasche und schenkte ein. Wir erzählten von Strasburg, bis die Tante fragte: „Wann heiratet ihr denn nun endlich?"

„Hast du einen Kalender? Wir wollen einen Tag aussuchen", sagte Reinhard.

Tante Anna brachte einen Wandkalender. Reinhard murmelte vor sich hin: „Ostern ist zu früh, außerdem ist es noch zu kalt. Vor Feiertagen soll es sein, damit unsere auswärtigen Gäste ein paar Tage bleiben können. Pfingsten ist Mitte Mai. Jawohl, Pfingsten! Das ist der richtige Zeitpunkt." Er goß die Gläser voll, erhob sich und sagte theatralisch: „Verehrte Frau Anna Kosch! Sie sind die erste, die ich hiermit feierlich zu meiner Vermählung mit der hier anwesenden Monika Bachthaler aus Bayern am Freitag vor Pfingsten in der Kirche zu Strasburg einlade. Prost!"

Da der Pegelstand in der Likörflasche rapide gesunken war, maß ich dem ganzen Vorgang keine Bedeutung bei. Die Überraschung kam am nächsten Morgen, als Reinhard bei völlig klarem Kopf sagte: „Monika, ich habe nachgedacht. Der Freitag vor Pfingsten ist der ideale Hochzeitstag. Wir bleiben dabei."

Nach dem Frühstück brachen wir auf. Reinhard fuhr zu seiner Tagung, und ich machte mich auf den Weg nach Potsdam.

Die FDJ-Landesjugendleitung war in einer alten kleinen Villa untergebracht, die von einem Garten umgeben war. Ich trat ein und klopfte an eine Türe, hinter der ich Stimmen vernahm. Ich wurde hereingebeten und fragte nach Lilly Jahn. Zwei Jugendfreunde saßen sich gegenüber. Sie schauten sich fragend an, dann schüttelten sie bedauernd den Kopf. „Diesen Namen haben wir noch nie gehört", sagte der eine.

„Und Kurt Glaser?" forschte ich weiter.

Das Mienenspiel wiederholte sich. „Nie gehört."

Ich wunderte mich: „Vor ein paar Monaten habe ich doch noch mit den beiden gesprochen!"

„Am besten ist, du fragst Erich Honecker. Sein Büro ist oben", sagte der andere.

Ich ging die Treppe hinauf und kam an eine offene Tür. „Bist du Erich?" fragte ich den hageren Mann – er schien mir etwas älter als fünfundzwanzig – der gerade Akten in einen Schrank räumte.

„Ja. Nimm Platz."

Ich stellte mich vor und erkundigte mich nach Lilly Jahn. Erich deutete auf einen Aktenberg. „Ich kann mir leider im Moment keinen Überblick verschaffen. Es wird noch Wochen dauern, bis ich dieses Chaos bewältigt habe. Könntest du später wieder kommen?" sagte er ebenso freundlich wie unverbindlich.

Mit einem unguten Gefühl fuhr ich nach Westberlin zurück. Voller Unruhe wartete ich auf Reinhard.

Erst am späten Nachmittag kam er zurück. „Ein verlorener Tag", sagte er ungehalten, „der Redner war genauso alt und langweilig wie das Thema. Und wie wars bei dir?"

Schon nach ein paar Andeutungen winkte er ab: „Komm! Wir gehen spazieren, dann können wir uns ungestört unterhalten."

Er hörte schweigend zu und überlegte nicht lange: „Diese Herren, mit denen du da verhandelt hast, sind SED-Mitglieder, die haben deine Lilly und ihre Freunde zum Teufel gejagt und sich eure schöne FDJ klammheimlich unter den Nagel gerissen."

Neumann hatte also nicht übertrieben. Aber was war mit Lilly und Kurt geschehen? Sie waren sicher nicht freiwillig gegangen. Eigentlich wollte ich meinen Jugendleiterposten erst nach der Hochzeit zur Verfügung stellen, aber um den „Unannehmlichkeiten" aus dem Wege zu gehen, die Neumann angekündigt hatte, konnte ich nun nicht mehr so lange warten. Während meiner Tätigkeit in der FDJ waren mir so viele einflußreiche Menschen begegnet, daß mir um einen neuen Arbeitsplatz nicht bang war, zumal Reinhard versprach, mir bei der Suche zu helfen.

Tante Anna war traurig, daß wir noch am Abend abreisten. Sie versprach, unseren Hochzeitstermin nicht zu vergessen und nach Strasburg zu kommen.

Über meinen Besuch in Potsdam bewahrte ich Stillschweigen. Um Neumanns Unwillen nicht zu erregen, verzichtete ich auch in der Februarversammlung auf einen Redner der anderen Parteien. Ich ließ mir von Reinhard, der politisch sehr interessiert war, einen Bericht zur allgemeinen Lage zusammenstellen und sprach anschließend über den Jahresbericht von 1947. Unsere Chor- und Theatererfolge wurden noch einmal lebendig, unsere Tanzveranstaltungen, und eine trübe Stimmung überfiel mich bei dem Gedanken, daß meine Tage im ‚Lindengarten' gezählt waren.

Rudi Jeschke gestaltete die Diskussion fast allein. Um auch auf meine

Freunde Eindruck zu machen, stimmte er in vielen Punkten mit mir überein; es wurde ein langer Abend.

Auf dem Heimweg wurde mir plötzlich übel und schwindelig. Ob ich die Grippe bekam?

Am nächsten Morgen ging es mir noch schlechter, und ich war froh, daß mir in der Küche niemand begegnete, so fiel es nicht auf, daß ich keinen Bissen hinunterbrachte.

Die frische Luft wirkte Wunder. Als ich im ‚Lindengarten' ankam, waren die Beschwerden verschwunden.

In den folgenden Tagen litt ich immer wieder unter Übelkeit und Schwindelanfällen und ging deshalb zu Doktor Fullner, unserem Hausarzt. Er ließ sich die Symptome genau schildern und sagte kurz und bündig: „Sie bekommen ein Kind!"

Einen Augenblick lang hatte ich das Gefühl, der Boden schwanke unter meinen Füßen.

An diesem Tag ging ich nicht mehr ins Büro zurück. Auf einem langen Spaziergang um den See versuchte ich, Ordnung in meine Gedanken zu bringen. An der Richtigkeit der Diagnose zweifelte ich keine Sekunde. Der Likör, die Nacht in Berlin, keiner von uns konnte dem anderen einen Vorwurf machen.

Es war spät, als ich heimkam. „Ist dir nicht gut?" fragte Reinhard beim Abendessen.

„Es geht schon wieder."

„Willst du nicht zum Arzt gehen? Du bist weiß wie eine Kalkwand."

„Ich war schon beim Arzt. Ich krieg' ein Kind."

„Ein Kind! Bist du wahnsinnig?" rief Reinhard.

„Bei welchem Arzt warst du?" fragte seine Mutter.

„Bei Doktor Fullner."

Einen Augenblick lang preßte sie die Lippen aufeinander, dann sagte sie mit einer Schärfe, die nichts Gutes verhieß: „Du weißt so gut wie wir, daß in dieser Wohnung kein Platz für ein Kind ist. Außerdem halten Vater und ich das Geschrei und die Wirtschaft, die ein Säugling macht, gesundheitlich gar nicht aus. In Pasewalk gibt es einen Arzt, der helfen kann. Alle Russenliebchen kennen ihn. Geld habt ihr ja genug."

Mein zukünftiger Schwiegervater schaute zu seinem Sohn hinüber. „Ich glaube, Mutter hat recht", meinte er.

Reinhard wandte sich an mich: „Eigentlich wollten wir doch erst einen Hausstand gründen, ehe wir uns ein Kind anschaffen", sagte er zögernd. Die Zustimmung der Männer war für Alwine Osswald das Signal, die Sache in die Hand zu nehmen. Sie wußte auch schon eine Lösung: „Vor einigen Monaten hatten Krügers Streit. Ich blieb vor der Türe stehen – man will ja schließlich die Leute kennenlernen, mit denen man zusammenwohnt –, da hörte ich, daß die Tochter genauso schlau war wie Monika. Kurz danach verreiste sie für ein paar Tage, und der Fall war erledigt. Ich werde hinuntergehen und mich erkundigen..."

„Vielleicht darf ich auch einmal etwas sagen. Mich betrifft es schließlich am meisten", unterbrach ich sie, „in Prenzlau gibt es eine Ärztekommission, die einem offiziell hilft, wenn man ausreichende Gründe hat. Doktor Fullner hat mir geraten, mich dort anzumelden. Einen verbotenen Eingriff lasse ich nicht an mir vornehmen."

Sie wurde wütend: „Bei denen kommst du nie durch. Wenn Doktor Fullner, dieser... dieser Moralapostel, mitmischt, dann haben wir von vornherein verloren. Jetzt hast du es geschafft, Reinhard hereinzulegen, daß er dich heiraten muß. Das hast du fein eingefädelt. Diese Rücksichtslosigkeit uns gegenüber! Ist das der Dank dafür, daß wir dich aufgenommen haben!"

In der Atempause, die sie einlegte, hoffte ich vergeblich auf ein Wort Reinhards oder seines Vaters zu meiner Verteidigung, so fauchte sie weiter: „Tut was ihr wollt! In meine Wohnung kommt kein Kind!"

Ich ging in mein Zimmer und ließ mich auf das Bett fallen; mir war speiübel. Reinhard kam herein und meinte: „Es wäre schön, wenn du in Prenzlau durchkämst. Wir sind..."

„Ich weiß. Wir sind auf deine Eltern angewiesen."

Am nächsten Morgen ging ich zu Doktor Fullner, der mir eine Überweisung ausschrieb und wegen eines Termins bei der Ärztekommission mit Prenzlau telefonierte. Genau in einer Woche sollte ich mich vorstellen. Gegen meine Beschwerden empfahl er Bewegung an frischer Luft und vitaminreiche Ernährung.

Nach einigen Tagen fühlte ich mich endlich wohler. Die längst fällige Ausschußsitzung konnte einberufen werden. Die Tagesordnung enthielt zwar keine außergewöhnlichen Punkte, aber wie immer zog sich die anschließende Unterhaltung schier endlos hin.

Endlich empfahlen sich die Referenten, Frau Bertram half mir noch, die Biergläser zu spülen, dann ging auch ich. Unterwegs begegnete mir der Bürgermeister, und ich erinnerte mich, daß auch der Stadtrat getagt hatte. Reinhard konnte noch nicht weit sein, ich ging in Richtung Rathaus.

Im Bürgermeisterzimmer brannte noch Licht. Ob Reinhard wieder ein „Protokoll diktierte"?

Die schwere Eichentüre ließ sich öffnen. Neugierig schlich ich die Treppe hinauf, lauschte an der Vorzimmertüre und drückte die Klinke herunter. Wie gebannt starrte ich auf den Garderobehaken. Reinhards Mantel hing so dicht neben dem Pelzjäckchen der Kuhnke, daß er es halb verdeckte. Der Anblick widerte mich an, aber jetzt wollte ich Gewißheit. Auf Zehenspitzen ging ich an die Türe zum Bürgermeisterzimmer und hörte ganz deutlich die Stimmen der beiden. Es war kein dienstliches Gespräch, das da drinnen geführt wurde.

Gewiß, ich besaß kein Talent zum anschmiegsamen Bettkätzchen, aber warum beteuerte Reinhard mir immer wieder, mich trotzdem zu lieben, wenn er sich dann doch mir nichts, dir nichts mit diesem Weib einließ! O ja, die Kuhnke war schon weit über dreißig, sie hatte ihre Erfahrungen jahrzehntelang in einer Vielzahl von fremden Betten gesammelt. Nicht umsonst galt sie in Strasburg als „erotischer Wanderpreis". Wie ich mich ekelte!

Plötzlich bekam ich Angst, entdeckt zu werden. Lautlos lief ich aus dem Raum, über die Treppe, dem Ausgang zu und auf die Straße. Niemand begegnete mir. Im Dunkeln öffnete ich die Haus- und Wohnungstüre und tastete mich in mein Zimmer. Die Straßenlampe warf einen matten Lichtkegel an die Decke, die ich, auf dem Bett liegend, anstarrte.

Im vergangenen Sommer war ich drauf und dran gewesen, Reinhard zu gestehen, daß ich in Rolf Barnow verliebt sei, obwohl zwischen uns nichts vorgefallen war, und ich hätte jederzeit Verständnis dafür aufgebracht, wenn mein Verlobter in eine ähnliche Situation geraten wäre. Doch hier ging es um etwas anderes: „Seinen Spaß kann man mit jeder haben, aber zum Heiraten nimmt man eine Anständige", hatte er einmal gesagt. Jetzt setzte er diese Redensart in die Tat um, und es war ihm völlig gleichgültig, daß er mich verletzte und demütigte. Die Enttäuschung darüber war viel größer als die schreckliche Angst, die mich in dieser letzten Nacht vor meinem Termin in Prenzlau erfüllte, und ich war in diesem Augenblick fest entschlossen, meinen Vater zu bitten, mich zurückzuholen, wenn bei der Ärztekommission alles gutging.

Am nächsten Morgen trank ich schweigend meinen Tee. Reinhard versuchte beinahe zärtlich, mich zum Essen zu überreden. „Bitte, Monika, wenigstens eine Kleinigkeit. Ein Häppchen für den lieben Reinhard", scherzte er.

Da keifte seine Mutter: „Habt euch nicht so affig. Paßt in Zukunft gefälligst besser auf!"

Reinhard belegte zwei Doppelbrote, wickelte sie ein und steckte sie in meine Tasche. Er lächelte mir aufmunternd zu und sagte: „Kopf hoch, Liebling! In ein paar Tagen ist alles vergessen."

Für ihn und seine Mutter stand bereits fest, daß ich mit meinem Antrag durchkommen würde.

Viel zu früh machte ich mich auf den Weg. Unter den Leuten, die nach und nach auf dem Bahnhof eintrafen, waren keine Bekannten.

Die Kleinbahn fuhr pünktlich ein. Dann zuckelte sie schnaufend durch große Felder, an ehemaligen Gutshöfen vorbei. Ich liebte die weite ebene Landschaft und hatte bisher immer versucht, einen Fensterplatz zu ergattern, wenn ich auf dieser Strecke fuhr. Doch jetzt sinnierte ich vor mich hin.

Der Weg zum Kreiskrankenhaus war leicht zu finden. Eine freundliche Dame öffnete das Schiebefenster, nahm den Brief von Doktor Fullner entgegen und beschrieb den Weg in ein Wartezimmer. Der Gang schien endlos. Weißlackierte Türen und Sitzmöbel, in dieser sterilen, unpersönlichen Atmosphäre sollte ich mit völlig fremden Menschen über meine intimsten Angelegenheiten sprechen!

Im Warteraum saßen vier Frauen, wahrscheinlich drückten alle die gleichen Sorgen. Eine, sie mochte um die Zwanzig sein, las so unbekümmert in einem Buch, als säße sie im Wartesaal eines Bahnhofs. Eine etwas ältere war kreidebleich und zitterte am ganzen Körper. Die beiden anderen, sie waren etwa vierzig Jahre alt, sahen verhärmt und abgearbeitet aus. Die Tür zum Gang wurde einen Spalt geöffnet. Ein Mann steckte den Kopf herein. Seine Augen suchten die Blasse. „Ich warte draußen auf dich", sagte er und zwinkerte ihr aufmunternd zu.

Reinhard wäre nie auf die Idee gekommen, mich zu begleiten.

Die einzelnen Beratungen dauerten sehr lange. Allmählich füllte sich der Warteraum. Ein paar Frauen sprachen leise miteinander, die meisten warteten schweigend.

Ich wurde aufgerufen und folgte einer älteren Dame in das Sprechzimmer. „Ich bin Frau Vesenbach", stellte sie sich vor und bat mich, an einem großen runden Tisch Platz zu nehmen, an dem drei Ärzte saßen.

„Würden Sie uns bitte die Gründe für Ihren Antrag auf Schwangerschaftsunterbrechung nennen", sagte einer von ihnen.

„Ich wohne bei meinen zukünftigen Schwiegereltern, die beide in ständiger ärztlicher Behandlung sind."

„Weshalb?"

„Mein Schwiegervater leidet seit dem Krieg unter Malariaanfällen, meine Schwiegermutter unter hohem Blutdruck."

„Wie sind Ihre Wohnverhältnisse?"

„Die Wohnung hat drei Zimmer und eine Wohnküche."

„Die Wohnverhältnisse wären ausreichend", sagte der Arzt zu seinen Kollegen.

„Sind Sie gesund?"

„Ja."

„Ist der Vater Ihres Kindes gesund?"

„Ja."

„Wird er Sie heiraten?"

„Ja."

„Ist er in der Lage, eine Familie zu ernähren?"

„Ja."

„Fräulein Bachthaler, das sind ideale Voraussetzungen für die Gründung einer Familie."

Ich senkte den Kopf und sagte leise: „Meine Schwiegermutter hat gesagt: ,In meine Wohnung kommt kein Kind'. Wortwörtlich."

„Um das zu regeln, sind wir da", schaltete sich Frau Vesenbach ein, „wir werden mit Ihren zukünftigen Schwiegereltern sprechen."

Ich weinte leise vor mich hin. Ein anderer Arzt, ein großer Mann mit schneeweißen Haaren, erhob sich, kam zu mir herüber und legte seine Hand auf meine Schulter. Er redete beschwichtigend auf mich ein. „Ihr Fall ist so leicht zu lösen. Es gibt ganz andere Probleme. Die Frau, die vor Ihnen hier war, ist krank und hat bereits fünf Kinder. Die Familie lebt in zwei Zimmern mit Küche. Der Vater ist Frührentner. Jetzt erwartet sie ihr sechstes Kind. Können Sie sich das vorstellen?"

„Meine Eltern sind zwar nicht krank, aber wir waren fünf Kinder und unsere Wohnung war auch nicht größer. Im Winter wurden die Windeln über dem Küchenherd und über Stuhllehnen getrocknet. Wenn das

Baby schlief, mußten alle ruhig sein. Und wenn es aufwachte, stritten wir darum, wer es füttern durfte, weil wir das Baby liebten..." Ich verlor die Fassung endgültig und schluchzte hemmungslos.

Der Arzt versuchte, mich zu beruhigen: „Der Gedanke an ein Kind bringt in jede Familie zunächst einmal Unordnung und Ratlosigkeit. Glauben Sie mir, in einigen Wochen freut sich Ihre ganze Familie auf das Baby. Mein Name ist Schwab. Ich leite die Frauenabteilung in diesem Haus. Bitte, besuchen Sie mich wieder. Ich bin immer für Sie da."

Als Frau Vesenbach mich zur Türe brachte, liefen mir noch immer Tränen über das Gesicht. Dann lief ich durch Prenzlau und konnte keinen klaren Gedanken fassen. In einem kleinen Park lehnte ich mich an eine Bank.

Das Kind käme im November zur Welt. In meinem Zimmer war es im Winter so kalt, daß die Wände glitzerten. Hier könnte sich ein Baby nicht einmal zum Schlafen aufhalten. Das Wohnzimmer war verhältnismäßig warm, auch wenn nicht geheizt wurde, aber hier nächtigte Reinhard. Blieb noch die Küche, wo das Baby im Beisein der ganzen Familie gebadet, gewickelt und gefüttert werden müßte. Sicher würde es auch manchmal schreien. Es wäre den Launen meiner Schwiegermutter ausgeliefert, und ich stünde hilflos dabei. Mit dem Beistand Reinhards oder seines Vaters konnte ich nicht rechnen, das wußte ich aus Erfahrung.

Eine Familie, die es nicht mag, und eine Mutter, die nichts zu sagen hat, das wäre die Umgebung, in der mein Baby aufwachsen müßte.

Tante Havelfink hätte genügend Platz und nähme mich sicher gerne auf. An sie zu schreiben, wäre jedoch sinnlos. Reinhard ließ mich nie darüber im Zweifel, daß er mir die Polizei auf den Hals schicken würde, wenn ich ihm davonliefe, er trug ja die „Verantwortung" für mich, solange ich nicht einundzwanzig und damit volljährig war.

Ich könnte auch meinen Vater bitten, mich zurückzuholen, aber dann wären mir die Vorwürfe der Mutter genauso gewiß wie die Spötteleien der Geschwister. Außerdem würde mein Geld höchstens für ein paar Monate reichen, dann läge ich den Eltern auf der Tasche.

Meine Stellung in der FDJ ging so und so verloren – eine Jugendleiterin mit Kind gab es nicht –, und in diesem Zustand böte mir niemand einen neuen Arbeitsplatz. Reinhard müßte zwar für mich aufkommen, aber er und seine Eltern rechneten fest mit meinem amtsärztlich genehmigten Schwangerschaftsabbruch.

Ich zermarterte mir das Hirn und fand weder für mein unglückseliges Würmchen noch für mich einen Ausweg. Noch immer stand ich auf die Rückenlehne der Parkbank gestützt. Eine Kirchturmuhr schlug und schlug und hörte nicht auf.

Da durchfuhr mich ein Gedanke! Der Mittagszug nach Strasburg! Wenn ich in letzter Sekunde auf die Schienen liefe, könnte der Lokführer nicht mehr bremsen!

Ich rannte los, verfehlte in der Aufregung den kürzesten Weg, erreichte das Gleis – und sah den Zug hinter einer Kurve verschwinden.

Langsam ging ich den schmalen Weg am Bahndamm entlang. Ich dachte an Reinhard. Immer wieder hatte ich seine Beteuerungen geglaubt, zu gerne wäre ich glücklich gewesen. Doch nun waren meine Hoffnungen zerstört.

Und Reinhards Mutter? Ihre Gewissensbisse kämen zu spät. Alwine Osswald und Gewissensbisse? Beinahe hätte ich gelacht. Treu ihrem Lieblingsspruch, ,,was sollen die Leute denken", würde sie in der Öffentlichkeit die Trauernde spielen, ,,wie konnte uns das Mädchen das antun! Es hatte doch alles bei uns!". Dann fiele sie sicher sofort über meinen Nachlaß her: Dreißig Goethebände in blaugrauem Leineneinband mit Bücherregal, die aus einer Haushaltsauflösung stammten und mir gehörten, Geschirr, Wäsche, Silberbesteck, kleine Teppiche, hübsche Bilder und Schatullen, alles Geschenke von Tante Havelfink, mein Sparbuch und die Möbel, die ich mit Reinhard gemeinsam gekauft hatte.

Und dann würde man mich vergessen. Hatte ich dafür neunzehneinhalb Jahre lang gelebt?

Ob es nicht doch einen Ausweg gab? Schließlich blieben mir fast acht Monate, um meinem Kind den Weg ins Leben zu ebnen.

Ich mußte kilometerweit gelaufen sein und setzte mich zum Umfallen müde an eine kleine Böschung. Die Erde war trocken und warm. Huflattich und Schlüsselblumen blühten an dem windstillen, sonnigen Plätzchen. Dazwischen wuchs ein Löwenzahn. Er war seiner Zeit um Wochen voraus. Der viel zu kurz geratene Stengel schützte die Blüte vor rauhen Winden.

Ich dachte an meine Kindheit. An unserer Straße lag eine Wiese, die jedes Jahr im Mai übersät war mit Löwenzahn. Seine Stengel wurden zu Ketten, die Blüten zu Kränzen verarbeitet. Die Samenfallschirmchen ließen sich herrlich in die Luft blasen. Die länglichen Blätter brachten wir Nachbars Kaninchen und sahen mit großem Spaß zu, wie unter schnellem Mümmeln die zwischen die Drahtmaschen geschobenen Blätter immer kürzer wurden, bis sie zwischen den kleinen Zähnchen verschwanden. Mit dem milchigen Saft in den Stengeln behandelten wir die Warzen, die wir hin und wieder an den Fingern hatten. Ein Paradies war diese Wiese für uns Kinder.

Und für mein Kind? „Der Löwenzahn blüht auch für dich", dachte ich, packte entschlossen das Brot aus, das mit dicken Bratenscheiben belegt war, und biß kräftig hinein.

Nach längerer Rast ging ich ohne Eile zum Bahnhof zurück, der Zug nach Strasburg fuhr erst gegen Abend.

Die Schatten wurden länger, und als die Kleinbahn ihr Ziel erreichte, war es dunkel.

Reinhard erwartete mich. Er kam auf mich zu und schloß mich in seine Arme. „Ich habe solche Angst um dich gehabt", flüsterte er, und seine Augen waren feucht.

Eine Weile gingen wir schweigend nebeneinander, bis er sagte: „Als du um ein Uhr noch nicht da warst, habe ich mir große Sorgen gemacht und in Prenzlau angerufen. Mir wurde gesagt, daß du das Krankenhaus gegen elf Uhr in ziemlich schlechter Verfassung verlassen hast." Nach einer kleinen Pause wollte er wissen, wo ich war.

„Bitte, frag mich nicht", antwortete ich leise, „ich bin mit meinem Antrag nicht durchgekommen!"

Reinhard zog mich an sich: „Das hat man mir am Telefon schon gesagt, und ich bin froh, daß es so ist."

„Und deine Eltern?"

„Mach dir darüber keine Gedanken! Wir haben uns heute mittag lang und laut unterhalten. Du hättest deine Freude an meinem Vater gehabt."

Ich traute dem Frieden nicht und betrat mit gemischten Gefühlen die Küche, wo Reinhards Mutter gerade Geschirr in den Schrank räumte. „Ich habe dir gleich gesagt, daß es keinen Zweck hat, nach Prenzlau zu fahren", meinte sie so ganz nebenbei, als handle es sich um eine Lappalie.

Am liebsten hätte ich ihr ins Gesicht geschrien: „Ja! Dir wäre es recht gewesen, wenn ich nach Pasewalk gegangen wäre, weil sie dort keine Fragen stellen!" Aber ich schwieg, täuschte Müdigkeit vor und verschwand in meinem Zimmer. Es wäre mir unmöglich gewesen, mich jetzt mit ihr an einen Tisch zu setzen und ebenfalls so zu tun, als sei nichts geschehen.

Diesen Eindruck versuchte ich erst am anderen Morgen zu erwecken, und zwar im Büro. „Guten Morgen, da bin ich wieder", begrüßte ich Helga und Dieter, die gewußt hatten, daß ich in Prenzlau „beim Arzt" war.

„Frau Bertram meint, du kriegst ein Baby", forschte Helga vorsichtig. Ich nickte. Sie lief gleich zu den Nachbarn, um ihnen die Neuigkeit mitzuteilen. Bertrams eilten herbei, und wir rechneten gemeinsam aus, wann das Kind zur Welt kommen würde. Helga fragte: „Wünschst du dir einen Jungen oder ein Mädchen? Hast du schon einen Namen?"

Dieter, der sich bis jetzt nicht an der Unterhaltung beteiligt hatte, brummte aus der Ecke: „Das Kind bekommt sicher einen bayerischen Namen, Korbinian oder Kreszentia."

„Was ist denn in Sie gefahren?" wollte Herr Bertram wissen.

„Habt ihr darüber nachgedacht, daß wir Monika jetzt loswerden? Oder könntet ihr euch eine Jugendleiterin vorstellen, die einen Kinderwagen durch die Gegend schiebt?"

Alle schwiegen betreten. Ich gab Dieter recht: „So leid es mir tut, ich muß kündigen."

Der Gedanke an den Abschied von meinen anhänglichen, treuen Freunden Helga und Dieter, von Bertrams, den hilfsbereiten Nachbarn und auch von meiner Arbeit stimmte mich wirklich traurig. Allerdings hatte mein Rücktritt „aus familiären Gründen" auch sein Gutes: Herr Neumann und seine Genossen behandelten mich, als sie davon hörten, wieder mit großer Zuvorkommenheit. Rudi Jeschke stand sofort zur Verfügung, weitere Kandidaten meldeten sich nicht.

Am Wahlabend war der Lindengartensaal zwar kaum zur Hälfte gefüllt, aber Rudi Jeschke erreichte endlich, wovon er lange geträumt hatte, er wurde Jugendleiter.

Ich saß nun wieder zu Hause und befolgte die Anweisungen, die Reinhards Mutter mir mürrisch erteilte, trotzdem freute ich mich auf mein Baby. Je mehr Zeit verging, um so glücklicher war ich über die Entscheidung der Ärztekommission, wie Dr. Schwab es vorausgesagt hatte.

Reinhard umsorgte mich wie nie zuvor, und nach wenigen Tagen gelang es ihm, mir eine Aushilfsbeschäftigung im Rathaus zu verschaffen.

Ich war heilfroh und gab mir die größte Mühe, mein Aufgabengebiet im Wohnungsamt so schnell wie möglich begreifen zu lernen.

Das Elend auf diesem Sektor war groß. Vielen Familien, auch größeren, stand zum Kochen, Wohnen und Schlafen nur ein Raum zur Verfügung. Im Wohnungsamt gab es viel Arbeit, um wenigstens die ärgste Not zu lindern.

Anhand der Kartei stellte ich sehr schnell fest, daß Reinhard und ich auch als Eheleute vorerst keinen Anspruch auf eine eigene Wohnung erheben konnten.

Wenn Alwine Osswald die Lippen zusammenkniff, war ein Gewitter im Anzug. Wir waren uns keiner Schuld bewußt und schauten uns fragend an. Schwiegervater versuchte wie immer, ein möglichst unbeteiligtes Gesicht zu zeigen.

Es begann harmlos: „Tante Anna hat geschrieben!"

„Und? Wie gehts ihr?" fragte Reinhard ohne Argwohn. Seine Mutter überhörte die Frage und kam zur Sache: „Was fällt euch eigentlich ein? Ihr setzt einen Hochzeitstermin fest, ladet Leute ein, und wir werden weder gefragt noch unterrichtet!"

„Wir hätten euch schon rechtzeitig informiert. Zuerst brauchten wir die Einverständniserklärung von Monikas Eltern", verteidigte sich Reinhard.

Die in Bayern wußten es also auch schon. Sie konnte ihren Ärger nur mühsam verbergen: „Es ist üblich, daß die Hochzeit von den Eltern der Braut ausgerichtet wird. Mich würde interessieren, wie die in Bayern sich das vorstellen."

„Monikas Eltern haben ein Haus gebaut. Der Vater hat das Geschäft wieder eröffnet. Die Mutter arbeitet nicht mehr bei den Amerikanern. Aus Ebenhausen können wir nichts erwarten. Darum haben wir beschlossen, die Hochzeit im kleinsten Kreis zu feiern."

Jetzt platzte seiner Mutter der Kragen. „Eine Bettelhochzeit also, weil die Braut nichts hat. Du bist unser Einziger. Vater hat einen Betrieb. Was sollen die Leute denken. Nein! Da mache ich nicht mit! Ich werde die Sache in die Hand nehmen."

Unverzüglich schrieb sie die ersten Briefe an die Verwandtschaft. Vater Osswald wurde angehalten, sich bei seinen bäuerlichen Kunden umzusehen. Wenn jeder ein bißchen gab, kam für das Hochzeitsmahl schon etwas zusammen, und was noch fehlte, konnte aus dem eigenen Hühner- oder Kaninchenstall ergänzt werden.

Es gab daheim kein anderes Thema als die Hochzeitsvorbereitungen, da brachte mir ein lieber Besuch angenehme Abwechslung: Helga und Dieter überbrachten die Grüße von Rudi Jeschke und berichteten, daß der Ortsjugendausschuß es begrüßen würde, wenn ich das Kulturreferat behielte und das Amt der stellvertretenden Jugendleiterin übernähme. Rudi Jeschke wollte also das Kriegsbeil endgültig begraben. Ich war froh darüber und antwortete, daß ich beide Ehrenämter gerne annehmen würde, wenn die Jugendfreunde so lange warten könnten, bis mein Kind einige Monate alt wäre. Vorerst arbeitete ich noch im Rathaus, wo es mir sehr gut gefiel.

Mein Zustand verursachte mir so gut wie keine Beschwerden, und gegen kleine Wehwehchen half mir mein neuer Freund, Apotheker Steiner, ein älterer Herr mit grauem Vollbart. Er war genauso gemütlich, wie es bei Leuten mit seiner Körperfülle gewöhnlich der Fall ist. Herr Steiner kannte den neuesten Stadttratsch, und ich gehörte zu den Bevorzugten, denen er sogar Geheimnisse anvertraute. Wieder einmal hatten wir die Zeit verplaudert, und ich war in großer Eile. Da stand auch noch Erni Kühn vor der Haustüre. „Ich sah Sie kommen und habe auf Sie gewartet", begrüßte sie mich. Wir setzten uns auf die große Truhe im Treppenhaus. Erni sprach leise: „Hier weiß es noch kein Mensch; Sie sollen es zuerst erfahren. Ich heirate im Herbst in einen Bauernhof in der Nähe von Woldegk. Meine Eltern ziehen zu mir. Dann wird unsere Wohnung frei. Ich dachte, weil Sie doch auch heiraten wollen und ein Baby erwarten, es würde Sie interessieren."

„Sie sind ein Engel, ich bin Ihnen sehr dankbar", erwiderte ich, lief zu Reinhard und weihte ihn gleich ein. Wir schalteten schnell. Ich beschaffte von Doktor Fullner Atteste über die Krankheiten meiner Schwiegereltern, Reinhard bat in einem Brief an die Kreisbehörde um Zuteilung der freiwerdenden Wohnung. Er zog alle Register, um dem dortigen Wohnungsamt die Dringlichkeit unseres Antrags glaubhaft darzustellen. Mein Vorgesetzter im Strasburger Wohnungsamt versprach, das Schreiben zu befürworten.

Reinhard, der alle Amtshandlungen eines Standesbeamten ausführte, mußte für seine eigene Trauung zum ersten Mal seinen Vertreter bemühen. Die beiden Beamten gingen die Formalitäten sorgfältig durch und bemerkten mich gar nicht, als ich zur Aufgebotsbestellung in das Standesamt kam. Der Stellvertreter machte sich Notizen und las die Texte mehrmals laut. Ich schaute belustigt zu, wie ganz gegen die Gewohnheit der Bräutigam den Standesbeamten belehrte, statt umgekehrt.

Vater Osswalds Überlandaktion verlief erfolgreich. Nach Feierabend wanderten Reinhard und ich oft kilometerweit in die umliegenden Dörfer, um bei den Bauern, die sich uns gewogen zeigten, Butter und Schmalz, Geflügel und Kaninchen abzuholen. Zwei Tiere bekamen wir lebend. Während das Kaninchen brav in dem großen Korb saß und sich von mir streicheln und füttern ließ, schlug der Hahn, den wir später heimtrugen, mit den Flügeln und versuchte, zu entwischen. Er benahm sich, als wüßte er, daß es ihm an den Kragen gehen sollte. Zum Glück fand Reinhards Mutter selbst Gefallen an den beiden Tieren und tauschte sie gegen ein hinkendes Huhn und ein älteres Kaninchen, das längst fällig war, aus ihrem eigenen Stall. Sonst wäre meine Bitte, sie am Leben zu lassen, sicher vergeblich gewesen.

Unser Hochzeitstag rückte näher. Schwiegermutter leitete die umfangreichen Hochzeitsvorbereitungen mit sicherer Hand. Eine Nachbarin, die in dem Ruf stand, eine ausgezeichnete Köchin zu sein, stand ihr zur Seite. Fräulein Heine, pensionierte Lehrerin und Hausbesitzerin, bot, von verführerischen Küchendüften angelockt, ebenfalls ihre Dienste an.

Tante Anna und Tante Else trafen ein. Nach einer Kaffeepause händigte Schwester Alwine ihnen Küchenschürzen aus und zog auch sie zur Bewältigung des vergrößerten Haushalts heran. Jetzt war Frau Osswald in ihrem Element. Unter ihrer Einsatzleitung wurde gekocht, gebacken, geputzt und geschrubbt.

Fräulein Heine kam mit einer glänzenden Idee. Aus Schwiegervaters Werkstatt wurden sofort zwei Schlosser abkommandiert, die die beiden Sofas der Hausbesitzerin in das Osswaldsche Schlafzimmer transportierten. Wenn auch in räumlicher Enge, es wurden so Übernachtungsmöglichkeiten für die Tanten geschaffen, gleichzeitig entstand im Wohnzimmer der Nachbarin eine kleine Tanzfläche. Reinhard verzichtete am Polterabend auf den traditionellen Junggesellenabschied in der Kneipe. Er half, und nach getaner Arbeit setzten wir uns noch mit den Angehörigen und unseren hilfsbereiten Nachbarn zusammen.

Leichter Dunst lag am Morgen des Hochzeitstages über dem Städtchen. Es durfte mit sonnigem Frühlingswetter gerechnet werden.

Reinhard war es gelungen, für uns Stoffbezugsscheine zu ergattern. Sein Anzug und mein Kostüm für die standesamtliche Trauung wurden in letzter Minute geliefert. Mit unseren Trauzeugen Eberhard Beenz und Vater Osswald gingen wir zu Fuß zum Rathaus. Kolleginnen und Kollegen hatten das Bürgermeisterzimmer mit frischen Blumen geschmückt. Sogar das Sofa, auf dem wir während der Trauung saßen, war mit bunten Stiefmütterchen dekoriert. Ich ließ mich mit gemischten Gefühlen darauf nieder und dachte an die „Protokolle", die in diesem Raum „diktiert" worden waren.

Der Standesbeamte war aufgeregter als wir und gratulierte uns sichtlich erleichtert, als er seine erste Amtshandlung hinter sich gebracht hatte. Draußen beglückwünschten uns die beiden Vorzimmerdamen. Ich bedankte mich sehr kurz bei der Kuhnke, und während sie mit Reinhard redete, unterhielt ich mich mit Fräulein Bilge. Dabei kam mir zum ersten Mal richtig zum Bewußtsein, daß ich nun auch „Frau Osswald" hieß.

Daheim war ein kleiner Imbiß vorbereitet worden. Wir fanden jedoch keine Zeit, uns zu Eberhard und Schwiegervater zu setzen; die ersten Gratulanten kamen. Nachbarn und Kollegen brachten Blumen und kleine Aufmerksamkeiten. Dieter und Helga überreichten ein Geschenk der FDJ. „Machst du es gleich auf?" drängte Helga ungeduldig. Ich tat ihr den Gefallen, entfernte Band und Papier und war vor Freude außer mir. Herr Bertram hatte sich mir zuliebe von seiner „Bachlandschaft" getrennt, die mir von allen seinen Bildern am besten gefiel.

Der FDJ-Chor schickte eine eigene Abordnung mit einer hübschen Tischlampe mit blaugeblümtem Schirm.

Die Friseuse kam, um mir den Brautschleier aufzustecken. Ich hatte ihn gegen einen Bezugsschein für Vorhangstoff gekauft und mit einem Blumenmuster besticken lassen. Das Brautkleid lieh mir Ellens Kusine. Eberhard stellte Reinhard zur kirchlichen Trauung seinen Frack zur Verfügung.

Ellen, Heumanns, die übrigen Strasburger Hochzeitsgäste und die Verwandten aus der näheren Umgebung trafen der Reihe nach ein.

Dutzende von Schaulustigen standen an der Straße oder schauten aus den Fenstern, als wir, gefolgt von Verwandten und Freunden, zur Kirche gingen. Besonders Reinhard erregte die Aufmerksamkeit der weiblichen Zaungäste. Er sah auch blendend aus im Frack, der wie angegossen saß, mit leicht schräg auf die blonden Haare gedrücktem schwarzem Zylinder, und ich bedauerte, daß meine Mutter nicht hinter ihm einherging. Sicher wäre sie stolz gewesen auf einen so feschen Schwiegersohn, der sich außerdem „die rechte Hand des Bürgermeisters" nennen durfte und zu den Honoratioren von Strasburg zählte.

Im langen, weißen Kleid sah man mir nicht an, daß ich im vierten Monat war, trotzdem wußten es alle; Frau Bertram und Helga hatten diese Nachricht in ihrer Freude sofort ausposaunt. Die beiden saßen in einer der hinteren Bänke in der Kirche, die voller Menschen war. Sogar Dieter entdeckte ich neben einer Säule, obwohl er sonst nie zur Kirche ging. Die vordersten Reihen waren für unsere Gäste reserviert. Reinhard drückte meine Hand, als uns der Geistliche zu den mit weinrotem Samt bezogenen Polsterstühlen vor den Altar geleitete. In seiner Predigt sprach der Pastor von der „mutigen jungen Frau, die Heimat und Elternhaus aufgab, um dem geliebten Mann in die Fremde zu folgen".

Meine Hand mit dem Strauß aus weißen Rosen und aufgesteckten Maiglöckchen zitterte. „Lieber Himmelvater", dachte ich, „du hast die Ehe als Sakrament eingesetzt. Verzeih mir, wenn ich dir nicht versprechen kann, ob ich in guten und schlechten Tagen zu meinem Ehemann halten will, bis daß der Tod uns scheidet. Ich bin in erster Linie vor deinen Altar getreten, weil ich kein ‚Fräulein Mutter' werden will. Daß ich mich als Katholikin evangelisch trauen lasse, stört dich sicher weniger. Es ändert ja auch nichts an meinem Glauben. Nur die Menschen sind so engstirnig und verbohrt; als ob es auf dieser Welt nichts Wichtigeres gäbe als diese kleinen Konfessionsunterschiede. Ich möchte dir auch ganz herzlich danken, daß mir in Prenzlau der Zug davongefahren ist. Verzeih mir bitte, daß ich beinahe die Nerven verloren hätte. Laß mir und meinem Kind deinen Schutzengel. Amen."

Wir wechselten die Ringe, der Pastor erteilte uns seinen Segen und begleitete uns vor das Portal, wo er uns beglückwünschte. Im Nu waren wir von Freunden und Bekannten umringt. Viele Hände streckten sich uns entgegen, und die Hochzeitsgesellschaft mußte eine ganze Weile warten, ehe wir den Rückweg antreten konnten.

Daheim wurde zur Tafel gebeten. Zu Geflügel-, Kaninchen- und Schweinebraten gab es verschiedene Gemüse und Salate. Nach dem Essen unternahmen die Älteren einen Verdauungsspaziergang oder zogen sich in ein Plaudereckchen zurück. In Fräulein Heines Wohnung legte

Eberhard die erste Tanzplatte auf, Reinhard zapfte das Bierfaß an, es wurde getanzt, getrunken und gelacht. Wer Lust auf eine Ruhepause mit Kaffee und Kuchen verspürte, ging einfach in die Osswaldsche Wohnung hinüber, wo er von Reinhards Tanten aufmerksam bedient wurde.

Gegen Abend brachte der Männergesangverein ein Ständchen. Aus Dankbarkeit für die Mitwirkung von FDJ-Chor und -Theatergruppe bei ihren Veranstaltungen hatten die Herren ein Lied mit bayerischem Einschlag einstudiert, und ich konnte das Lachen nur mühsam verbeißen, als sie mit ernsten Gesichtern von dem „De-andl und dem Bu-a" sangen, die der „Alma zu-agehen". Die Strafe für meinen Übermut folgte auf dem Fuße. Ehe sie sich verabschiedeten, ließen sich die Herren gerne zu einem Glas Bier einladen. Dann drückten vierzig Männerhände lange und kräftig meine Hand, die, den Ehering noch nicht gewohnt, schmerzhafte Blasen bekam. Gegen Abend brachen die ersten Gäste auf, und es wurde allmählich ruhiger. Endlich kam ich dazu, die vielen Briefe und Glückwunschkarten durchzusehen, die im Laufe des Tages angekommen waren. Darüber freuen konnte ich mich erst, als ich ein Telegramm fand, dessen Inhalt lautete: „Herzlichen Glückwunsch zur Vermählung von Deinen Eltern und Geschwistern." Wenigstens hatten sie meinen Hochzeitstag nicht ganz vergessen.

Die letzten Gäste verabschiedeten sich. Tante Anna half mir, die Blumen zu ordnen. Für den Flieder reichten die Vasen nicht, deshalb verteilten wir ihn auf mehrere Eimer. Erst dann fanden Reinhard und ich Zeit, die Geschenke auszupacken und zu bewundern, vorwiegend Gegenstände aus Glas und Holz, kunstvoll verarbeitet, die wir sorgfältig verpackten, um später einmal unsere Wohnung damit zu schmücken.

Die Verwandten reisten ab, bis auf Tante Anna und Tante Else. Obwohl die Hochzeitsgäste bei Tisch kräftig zugelangt hatten, blieb von allem noch genug für die Pfingstfeiertage übrig; in der Küche gab es nicht viel zu tun, und die drei Schwestern nützten die Zeit, sich ausgiebig zu unterhalten.

Auf ausgedehnten Spaziergängen erholten Reinhard und ich uns von den Aufregungen und dem Trubel um unsere Hochzeit. Gleich nach unserer Rückkehr aus Berlin im Februar hatten wir bei der zuständigen Gewerkschaftsstelle einen zweiwöchigen Ferienaufenthalt in Kühlungsborn an der Ostsee beantragt. Der Mai war schon ausgebucht, wir mußten unsere Hochzeitsreise um vier Wochen verschieben. Ich freute mich auf diesen Urlaub und konnte den Abreisetag kaum erwarten, denn noch nie hatte ich in einem Hotel gelebt, und der Starnberger See war das größte Wasser, das ich bis zu diesem Zeitpunkt kannte. Die Wartezeit schien mir ewig, doch dann war es soweit.

Im Zug nach Rostock fanden wir sogar Fensterplätze. Von dort fuhren wir nach Bad Doberan. Mit der Schmalspurbahn, die langsam mitten durch das Städtchen und über weite Felder dampfte, kamen wir gegen Abend in Kühlungsborn an.

Die Pension „Juwel", dicht am Strand gelegen, ließ sich ohne Mühe finden. Vor unserem gemütlichen Balkonzimmer duftete eine Akazie, dahinter rauschte die See. Wir packten Koffer und Tasche aus und setzten uns auf den Balkon, bis die Nacht hereinbrach.

Am nächsten Morgen liefen wir gleich nach dem Frühstück zum Wasser. Die Luft war angenehm kühl. Mit kräftigen Stößen schwamm Reinhard den kleinen Wellen zu, die zum Strand trieben. Mir war dieses unübersehbare Wasser unheimlich, ich blieb, das sichere Ufer im Auge, weit zurück, und Reinhard lachte mich aus. Stundenlang liefen wir Hand in Hand barfuß durch den Sand und ruhten uns, wenn wir müde waren, im Strandkorb aus. Unsere Zimmernachbarn stellten sich vor, ein Ehepaar, etwas älter als wir, und Reinhard fand nach Jahren wieder Partner zum Tennisspielen. Ich bummelte derweil durch Kühlungsborn, und wenn wir beabsichtigten, abends zum Tanzen oder in eine Bar zu gehen, ließ ich mich frisieren und maniküren.

Wir verlebten wunderschöne Tage und genossen sie überglücklich, bewohnten zum ersten Mal ein Zimmer, das uns allein gehörte, und losgelöst von allen Widerwärtigkeiten und Problemen priesen wir den Zufall, der uns vor zweieinhalb Jahren zueinandergeführt hatte.

Unser Urlaub näherte sich seinem Ende, als wir von der Währungsreform überrascht wurden. Der Pensionspreis war im voraus bezahlt worden, die Rückfahrkarten lagen in Reinhards Brieftasche. Mit Mühe brachten wir die achtzig Mark zusammen, die wir im Verhältnis 1:1 umtauschen konnten.

Die Wirtsleute erklärten, daß wir auch mit einem Baby willkommen wären, und wir versprachen, im nächsten Jahr wiederzukommen, dann gingen wir noch einmal durch den langgezogenen Ort.

Die Geldentwertung traf uns nicht sonderlich. Wegen der teuren Hochzeit und einer hohen Anzahlungsrate für Küchenmöbel herrschte aus unseren Konten Ebbe. Auch Schwiegervater kam gut davon, denn er hatte kurze Zeit vorher viel Geld in seine Werkstatt gesteckt.

Trotz des schönen Urlaubs freute ich mich wieder auf meine Arbeit im Wohnungsamt, arbeitete wie bisher die meiste Zeit im Außendienst und schrieb Berichte darüber. Doch eines Tages steckte der Leiter des Amtes den Kopf zur Türe herein, lächelte vielsagend und fragte, ob ich ihm ausnahmsweise zwei Briefe schreiben könne. Ich nahm Block und Stift und ging mit ihm. Er blätterte in seinen Unterlagen und diktierte: „An Fräulein Hulda Heine, Strasburg, Falkenberger Str. 18/19. Sehr geehrtes Fräulein Heine! Die in Ihrem Haus in der obenbezeichneten Straße durch den Wegzug der Familie Kühn freiwerdende Wohnung wird aufgrund des Beschlusses der Wohnungskommission den Eheleuten Reinhard und Monika Osswald zugesprochen. Hochachtungsvoll!"

Ich sprang auf, lief zu ihm hinüber und drückte ihm einen Kuß auf die Stirn.

Der zweite Brief enthielt die gleiche Mitteilung und war an Reinhard und mich gerichtet. So schnell waren im Rathaus lange keine Briefe mehr geschrieben worden. Nach Unterzeichnung legte ich den für Fräulein Heine in den Postausgang, mit dem anderen rannte ich zu Reinhard hinauf. Er drückte mich an sich, daß mir die Luft knapp wurde, und sagte leise: „Endlich! Endlich! Jetzt sind wir bald eine richtige Familie mit allem, was dazugehört."

Wir waren uns schnell einig, daß wir wie Kühns das kleine Zimmer als Küche und das große als Wohnschlafzimmer einrichten wollten und gingen gleich nach Feierabend zu Schreinermeister Oppler, um einen Liefertermin für unsere Küche zu vereinbaren. Der Meister versprach, pünktlich zu liefern.

„Sieh mal an", sagte Schwiegermutter überrascht, als Reinhard ihr den Brief des Wohnungsamtes zeigte. Sie überlegte nicht lange. „Jetzt könnt ihr das große Zimmer als Schlafzimmer und das kleine als Kinderzimmer einrichten."

„In das kleine Zimmer kommt die Küche", sagte Reinhard bestimmt.

„Ihr braucht doch keine eigene Küche!"

„Und die Wirtschaft, die ein Säugling macht?"

„Das stört uns doch nicht."

„Wir möchten unseren eigenen Haushalt haben. Das mußt du verstehen."

„Jetzt, wo wir alt werden, können wir auf deine finanzielle Unterstützung nicht verzichten. Da wird das Geld bei euch knapp werden, wenn du nur noch allein verdienst."

Reinhard atmete tief und versuchte ruhig zu bleiben: „Vater hat einen gutgehenden Betrieb. Er wird doch in Gottes Namen für einen Zweipersonenhaushalt aufkommen können."

Schwiegermutter brach in Tränen aus. „Für uns beide ist die Wohnung viel zu groß. Das Wohnungsamt wird uns ein Zimmer nehmen. Wie könnt ihr nur so undankbar sein."

Reinhard wurde böse: „Seit eineinhalb Jahren wünschst du meine Frau dahin, wo der Pfeffer wächst. Jetzt, wo du sie los wirst, paßt es dir auch nicht."

„Jetzt trägt sie unseren Namen, das ändert die Sache."

Ich stand während der ganzen Unterhaltung da und vergaß vor Staunen, den Mund zuzumachen.

Beim Abendessen griff Schwiegervater das Thema noch einmal auf: „Mama hat recht. Das ist eine dumme Sache. Ehe Reinhard aus Bayern kam, wollte das Wohnungsamt schon einmal ein Zimmer beschlagnahmen. Jetzt sind wir dran."

Ich schwieg nicht länger: „In meinem Zimmer steht ein Schrank voller Ersatzteile für die Werkstatt, außerdem ist es nicht beheizbar, das Wohnzimmer ist zugleich Büro. Ich weiß aus Erfahrung, daß das im Amt berücksichtigt wird."

Schwiegermutter warf mir einen haßerfüllten Blick zu, dann sagte sie, sich mühsam beherrschend: „Was sollen die Leute denken, wenn wir in ein und demselben Stockwerk in getrennten Wohnungen leben."

Mein Zustand war nun nicht mehr zu übersehen. Daheim trug ich einen weiten, geblümten Rock mit Gummizug und Hängeblusen, für das Büro hatte ich mein geliebtes weißes Leinenkostüm und ein rotgemustertes Sommerkleid zur Schneiderin gebracht und mir ein Umstandskleid nähen lassen. Aber Fräulein Horn von der Bezugsscheinstelle tröstete mich, indem sie mir gleich nach der Niederkunft einen Bezugsschein für ein Kleid in Aussicht stellte, außerdem gab sie bereitwillig Auskunft, mit welchen Bezugsscheinen für das Baby und die Wohnung wir rechnen durften.

Dann kam mein letzter Arbeitstag im Rathaus, und ein banges Gefühl beschlich mich bei dem Gedanken an das Zusammenleben mit meiner Schwiegermutter; Erni Kühns Hochzeit war erst in einigen Wochen. Ich nahm mir jedenfalls fest vor, Auseinandersetzungen aus dem Wege zu gehen.

Schweigend schleppte ich Kartoffeln und Kohlen vom Keller in die Wohnung, holte Holz und brachte den Mülleimer nach unten. Einige Monate vorher hatte ich den vierzigminütigen Fußmarsch nach Linchenshöh noch gerne zurückgelegt, um in dem dort gepachteten Garten Pflanzen zu gießen und Unkraut zu jäten. Jetzt taten mir Rücken und Füße weh, wenn ich den gefüllten Gemüsekorb nach Hause trug. „Die Landarbeiterfrauen mußten bis zur Geburt arbeiten, und drei Tage danach waren sie schon wieder auf dem Feld", erklärte Reinhards Mutter, als ich erschöpft auf einen Stuhl sank.

Tante Else rief an. In Leopoldshagen gebe es eine Heidelbeerenschwemme. Sie ernteten die Beeren eimerweise. Ob die Strasburger welche wollten. „Gerne", erwiderte Schwiegermutter, „ich schicke Monika."

Reinhard protestierte. „Das hättest du früher sagen sollen. Jetzt habe ich schon zugesagt", entgegnete sie ungerührt.

So machte ich mich am nächsten Morgen, als es noch dunkel war, auf den Weg. Die Zugverbindungen waren um diese Zeit gut, und schon am späten Vormittag kam ich in Anklam an. Vor mir lag der sieben Kilometer lange Fußmarsch nach Leopoldshagen. Die Straße führte mitten durch den Wald, keine Menschenseele begegnete mir. In allen Richtungen krachten Schüsse; sicher Russen, die ihren Speisezettel mit Wild bereicherten. Voller Angst dachte ich daran, daß kein Mensch meine Hilferufe hören könnte, wenn mir etwas zustieße. Plötzlich schien mir, als peitschten Schüsse in meiner Nähe. Ich rannte, so schnell ich konnte, bis der Wald hinter mir lag.

Als ich bei Tante Else ankam, war ich vor Angst und Erschöpfung dem Zusammenbruch nahe. Die Tante schüttelte den Kopf: „Meine Schwester muß wahnsinnig geworden sein."

Sie brühte Tee auf und stellte Brot, Rührei und Käse auf den Tisch. Nach einer längeren Verschnaufpause trat ich mit einem Korb voll Heidelbeeren den Rückweg an. Im Wald herrschte jetzt Ruhe. Wenn der Korb auch nicht sehr schwer war, so zwang mich mein schmerzender Rücken doch, ihn hin und wieder abzusetzen und kurze Rast zu halten. Beinahe in letzter Minute bestieg ich in Anklam den Zug.

Dann saß ich wieder in Pasewalk und mußte wie bei der Rückfahrt von Berlin stundenlang auf den Anschlußzug nach Strasburg warten. Der große Saal war überfüllt, denn es war Ferienzeit. Um nicht von russischen Kontrollen entdeckt zu werden, verkroch ich mich in den hintersten Winkel. Eine junge Frau, die sich nachts auf einem Bahnhof herumtreibt, muß ja für eine Abenteurerin gehalten werden. Ich war so müde, daß ich einschlief und um ein Haar meinen Zug verpaßt hätte.

Niemand holte mich vom Bahnhof ab, niemand rührte sich, als ich die Wohnungstüre aufschloß. Ich stellte den Korb auf den Küchentisch, schlich leise in meine Kammer, ging erschöpft zu Bett und konnte doch nicht schlafen.

Nun waren die Tage gezählt, wo Alwine Osswald mich unter ihrer Fuchtel hielt. Keinen Funken Zuneigung empfand ich mehr für sie, und was auch käme, nie, nie mehr wollte ich mit ihr zusammenleben.

Auf der Straße wurden Stimmen laut, und ich lief neugierig ans Fenster. Erni Kühn, ihr zukünftiger Mann und ihre Eltern luden Möbel und Hausrat auf einen Wagen.

Ich kroch wieder in mein Bett, da kam nach kurzem Anklopfen Schwiegermutter herein. ,,Vater ist krank, Doktor Fullner muß jeden Augenblick kommen. Könntest du danach in die Apotheke gehen?" fragte sie.

Der Arzt kam, untersuchte Schwiegervater und schrieb ein Rezept aus. Ich machte mich auf den Weg.

Als Andenken an eine Malaria, die er aus dem Krieg mitgebracht hatte, litt mein Schwiegervater gelegentlich unter Fieberanfällen, die plötzlich auftraten und ebenso schnell wieder verschwanden. Diesmal bekam er zusätzlich einen Hautausschlag und wurde von einem Juckreiz gequält, der ihn fast zur Verzweiflung brachte. Ich beeilte mich, doch die von Doktor Fullner verordneten Mittel halfen nicht.

Gegen Abend besuchte uns Fräulein Heine und machte den Vorschlag, eine Gesundbeterin zu Rate zu ziehen. Zuerst wollte man auf Reinhard warten, der noch unterwegs war. Gegen elf Uhr abends verlangte Schwiegermutter, daß ich gehen sollte. Mir war diese Gesundbeterin vom Hörensagen bekannt, ich wußte, wo sie wohnte und hielt sie für eine Geisteskranke oder eine Betrügerin, sie war mir unheimlich. Ich bat Schwiegermutter, bis zum Morgen zu warten und sagte, daß ich mich ängstigte. Es war mir auch peinlich, sie so spät in der Nacht um Hilfe bitten zu müssen. Es half nichts, ich mußte gehen.

Unterwegs fiel mir eine Begebenheit ein, die noch keine Woche zurücklag. Da hatte ich im Hof mit Heumanns Katze gespielt. Schwiegermutter rief mich sofort nach oben und ermahnte mich streng, in diesem Zustand keine Tiere mehr zu berühren. „Wenn du erschrickst, schlägt es sich auf das Kind. In Pommern erschrak eine Frau bei einem Feuer. Das Kind, das sie später zur Welt brachte, hatte im Gesicht ein Feuermal. Einer anderen Schwangeren begegnete eine Katze. Deren Kind trug auf dem Rücken eine Stelle davon, die mit Fell bewachsen war."

Eine Katze am hellichten Tag, meinte sie, könnte meinem Kind schaden. Zu dieser unheimlichen Alten schickte sie mich in stockfinsterer Nacht, obwohl sie wußte, daß ich mich zu Tode fürchtete.

Mit weichen Knien stand ich vor dem niedrigen Haus in der Schulstraße. Hinter einem kleinen Fenster flackerte ein Kerzenlicht. Die Haustüre war unverschlossen. Niemand antwortete auf mein Klopfen. Dumpfe Luft schlug mir entgegen, als ich die knarzende Türe öffnete. An einem groben Tisch saß ein altes Weiblein und murmelte halblaut Unverständliches vor sich hin. Es beachtete mich nicht. Als ich es bat, mit mir zu meinem kranken Schwiegervater in die Falkenberger Straße zu kommen, erhob es sich und folgte mir, ohne sein Selbstgespräch zu unterbrechen.

Am Bett des Kranken bedeutete die Alte mit heftigen Armbewegungen den übrigen Anwesenden, den Raum zu verlassen, ehe sie mit ihren Künsten begann.

Wie zu erwarten, ging es Schwiegervater hinterher genauso schlecht wie vorher, und er lag noch stundenlang schlaflos.

Das Fieber verschwand auch diesmal so schnell wie es gekommen war, und nach einem erholsamen Schlaf konnte er wieder in seiner Werkstatt nach dem Rechten sehen.

Auf dem Hof stand der Traktor von Erni Kühns Verlobtem. Holz- und Kohlensäcke wurden auf den Anhänger geladen. Erni winkte mit dem Schlüsselbund herauf, als sie mich am Fenster entdeckte, und rief: „Heute abend bringe ich ihn!"

Bei der ersten Besichtigung unserer künftigen Wohnung stellten Reinhard und ich erfreut fest, daß sie in einem sehr guten Zustand war; Frau Kühn hatte sogar die Fußböden gescheuert und die Fenster geputzt.

Reinhard nahm einen Tag Urlaub, und der Umzug konnte beginnen. Mein Zimmer glich einem Warenlager. Ellen und Annemarie hatten uns Babykleidung und entbehrlichen Hausrat geschenkt. Von meiner Mutter waren mein Federbett und mein Kopfkissen mit je zwei Bezügen gekommen, da wollte auch Schwiegermutter nicht zurückstehen und gab das gleiche. Den meisten Platz beanspruchten die Geschenke von Tante Havelfink. Während ich mein Zimmer ausräumte, half Willi Reinhard, die Havelfinkschen Möbel vom Dachboden in die Wohnung zu transportieren.

Gegen einen halben Zentner Weizen, den Schwiegervater für uns „organisiert" hatte, lieferte Meister Oppler außer dem Schrank noch einen Küchentisch und zwei Stühle.

An diesem ersten Abend lagen Hausrat und Wäsche noch wie Kraut und Rüben durcheinander. Wir saßen mittendrin, aßen belegte Brote, tranken Tee und waren wunschlos glücklich.

Mit Feuereifer räumte ich am nächsten Morgen die Schränke ein. Dann kochte ich zum ersten Mal für meinen Mann, wie ich es bei Tante Havelfink gelernt hatte; es gab Salzkartoffeln und Specksoße. Reinhard aß mit großem Appetit und lobte mich. Nach dem Essen überschauten wir unser kleines Reich und fanden, daß es ausgesprochen gemütlich darin war. Zwar fehlte noch einiges, aber mit etwas Improvisationstalent ließ sich ohne fremde Hilfe wirtschaften.

Nach Reinhards Mittagspause ging ich mit klopfendem Herzen daran, meinen ersten Kuchen zu backen; einerseits sollte er schmecken, andererseits mußte ich lernen, mit unseren Lebensmittelmarken hauszuhalten. Das Werk gelang, und als ich ihn aus der Backröhre nahm, zog der Duft bis ins Treppenhaus.

Er lockte auch Schwiegermutter, die bisher noch keinen Fuß über unsere Schwelle gesetzt hatte, aus ihrem Schmollwinkel. Ohne anzuklopfen trat sie ein, um in gewohnter Weise die Befehlsgewalt auszuüben: „... die Betten stehen nicht in der Mitte, und die Sessel passen besser an den großen Tisch als an den kleinen..."

Das Maß war voll! Ich sprang aus dem Sessel, deutete mit ausgestrecktem Arm und Zeigefinger auf die Türe und brüllte: „Da hat der Maurer das Loch gelassen! In deiner Bude kannst du herumkommandieren. Hier geb' ich den Ton an! Verstanden!"

„Na wartet! Na wartet! Bude hat sie gesagt!" keuchte sie atemlos vor Aufregung und rauschte hinaus.

125

Als Reinhard kam, hörte ich, wie ihn seine Mutter zu sich hereinrief. Die Unterredung dauerte nicht lange. Er begrüßte mich wie immer mit einem Kuß und legte ein halbes Suppenhuhn auf den Tisch. „Vater hat ein Huhn mitgebracht", sagte er mit ganz normaler Stimme, „Mutter meint, eine Hälfte reicht für sie beide."

„Es wird doch nicht vergiftet sein?" überlegte ich laut. Er lachte. „Wie kommst du denn darauf?"

„Ich hab' deine Mutter heute rausgeschmissen, weil sie sich wie üblich in meine Angelegenheiten mischen wollte. Ich will keine Feindschaft, aber daran muß sie sich gewöhnen, daß ich mir nichts mehr gefallen lasse."

„Mir scheint, das hat sie begriffen", erwiderte Reinhard, „sie hat keine Silbe darüber verloren und war überaus freundlich."

Gegen Abend kamen Ellen und Eberhard mit einer großen Topfpflanze zur Wohnungseinweihung. Sie nahmen Platz; schon läutete es wieder. Annemarie und Willi wollten ebenfalls zum Einzug gratulieren. „Für die Küche", sagte Annemarie und gab mir ein Körbchen mit frischen Eiern.

Ich trug Kaffee und Kuchen auf und schlug Reinhard vor, seine Eltern herüberzuholen. Die beiden schienen auf die Einladung gewartet zu haben, sie kamen gleich mit.

Reinhard bot Likör an, und der fröhliche Abend zog sich hin bis spät in die Nacht.

Vater Osswald und Willi tuschelten erst in unserer Küche miteinander, dann gingen sie in die Wohnung der Schwiegereltern hinüber.

Ein paar Tage später standen zwei schwere Milchkannen in der Schlosserwerkstatt. Vater Osswald arbeitete daran, wenn Lehrlinge und Gesellen längst gegangen waren, und Willi leistete ihm oft Gesellschaft. Schwiegermutter bat mich, ihr beim Putzen und Schneiden von Zuckerrüben zu helfen. In einer großen Wanne setzte sie die Schnitzel im warmen Wohnzimmer an, das in den folgenden Tagen kein Fremder betreten durfte.

Eines Nachts, die Nachbarn schliefen schon, lüftete Schwiegervater das Geheimnis. Die Maische wurde in der fest verschlossenen Milchkanne auf dem Küchenherd stark erhitzt. Dämpfe entwichen durch ein Kupferrohr, das durch einen Eimer mit kaltem Wasser lief. Ein Krug am Ende des Rohres fing den kostbaren Niederschlag auf: Vater Osswald brannte heimlich Schnaps.

Zur gleichen Zeit experimentierte im Nachbarhaus Willi mit der zweiten Kanne.

Nur einem Besuch gewährte Schwiegervater Zutritt in seine Hexenküche: Nichte Anne aus Berlin, Tochter von Schwiegermutters Bruder Leo und Tante Marie.

Reinhards Kusine war in meinem Alter, und wir verstanden uns auf Anhieb. Abends kam sie herüber und tauschte mit Reinhard Erinnerungen aus. Zu den Geschichten über Großvater, die ich schon kannte, kamen viele neue, doch ein bißchen Wehmut klang mit. Niemand konnte sagen, wie es auf dem Hof des Großvaters jetzt aussah. Er lag hinter der neuen polnischen Grenze, die niemand überschreiten durfte, weder hinüber noch herüber.

Anne beschäftigte sich gerne mit Handarbeiten. Sie unterzog Schwiegermutters Stoff- und Wollrestekiste einer genauen Untersuchung. Oft saßen wir beisammen, nähten und strickten, und als Annes Urlaub zu Ende ging, waren die Stapel mit Babykleidung um einige Hemdchen, Jäckchen und Mützchen höher geworden.

Aus Ebenhausen kam ein Paket mit Windeln. Geld war in meinem Elternhaus schon immer knapp, deshalb wunderte ich mich nicht, daß die segensreichen Auswirkungen der westlichen Währungsreform nur in Gestalt dieser Postsendung zu mir nach Strasburg gelangten. Ich war froh darüber, denn nun war meine Babyausstattung vollständig.

Ein Brief von Ursula lag bei. Sie freue sich darauf, Tante zu werden, schrieb sie, während die Eltern fänden, ich sei für ein Kind noch zu jung.

Trotz des freundlichen Oktoberwetters ging ich nicht mehr so lange spazieren; mein Rücken schmerzte stärker und häufiger. Am liebsten saß ich daheim.

Reinhard kaufte ein kleines Radiogerät. Mein Interesse an Musik und Literatur erwachte wieder.

Am letzten Oktobersonntag brachte Eberhard ein Körbchen mit Pilzen. Ellen hatte vorsorglich ihr Kochbuch für Pilzgerichte beigelegt, mit dem ich mich am Abend beschäftigte.

Einem leichten Ziehen im Bauch schenkte ich keine Beachtung, weil es bald wieder verschwand. Die Pilze konnten es also nicht sein.

Nach einigen Stunden spürte ich es ein zweitesmal, danach kehrte der Schmerz in regelmäßigen Abständen wieder. Kein Zweifel, es war soweit! Ich stand auf, kleidete mich an und räumte die Wohnung auf. Da erwachte Reinhard. Sein Blick fiel auf das „Sturmgepäck", das in der Türe stand. Hellwach sprang er aus dem Bett.

Das Ziehen kam in kürzeren Abständen und wurde heftiger. Ich dachte an den Rat meiner Hebamme, mich zu strecken und aufzustützen. Es half nicht. Reinhard zog sich in Windeseile an, legte mir den Mantel über und nahm die Tasche. Leise verließen wir das Haus.

In der Schulstraße betrieb meine Hebamme, Frau Vogt, eine kleine, private Entbindungsstation. Auf dem Weg dorthin mußte ich immer wieder stehenbleiben und mich auf Reinhard stützen.

Der werdende Vater war sichtlich erleichtert, als sich auf sein Läuten sofort schnelle Schritte näherten. Frau Vogt führte uns nach oben in das nüchtern eingerichtete Dreibettzimmer. „Soll ich bei dir bleiben?" fragte Reinhard.

„Das schaffen wir beide ganz allein", sagte Frau Vogt und brachte ihn zur Türe.

Ich krümmte mich vor Schmerzen. Die Hebamme beobachtete mich und meinte ungerührt, daß bis Mittag alles überstanden sei. Es war gerade kurz nach sieben Uhr, und ich war überzeugt, daß ich mit diesen Schmerzen den Mittag nicht erleben würde. Nun ließ sie mich auch noch allein, um mit ihrer Tochter zu telefonieren. Ich legte mich auf das Bett, das für mich vorbereitet worden war, und glaubte, wahnsinnig zu werden.

Endlich kam die Hebamme wieder. „Das sind ja schon Preßwehen", staunte sie und blieb bei mir. Ihre Tochter erschien und bekam die Anweisung, heißes Wasser vorzubereiten. Die beiden redeten mir gut zu und versuchten mit geübten Griffen, meine Lage zu erleichtern. Es kam ein Augenblick, in dem ich glaubte, den Schmerz nicht mehr ertragen zu können, Sekunden später war alles vorbei.

Ich war so erschöpft, daß ich Frau Vogts Stimme wie aus weiter Ferne hörte: „Es ist ein Junge! Ich gratuliere! Sieben Minuten nach neun. Das war eine Rekordleistung!" Mit geschlossenen Augen lag ich da, bis sie mir den Kleinen brachte. Er duftete nach Babyöl. Ich hielt ihn im Arm und war überzeugt, daß nie zuvor ein schöneres Kind das Licht der Welt erblickt hatte.

Die zwei Frauen versorgten mich und brachten mein Bett in Ordnung. Es ging mir jetzt sehr gut. Wieder lief die Hebamme zum Telefonieren, diesmal auf meine Bitte hin.

Kurze Zeit später stürmte Reinhard die Treppe herauf. Er brachte ei-

nen großen Blumenstrauß und küßte mich. „Bin ich froh, daß es vorbei ist! Ich habe solche Angst um dich gehabt!" sagte er glücklich, dann linste er ins Babybett: „Mhm. Ganz nett." Seine Stimme klang enttäuscht.
„Gefällt er dir nicht?" fragte ich verwundert.
„Doch. Schon. Aber etwas mehr Beachtung könnte er seinem Vater schon schenken."
„Reinhard! Er ist noch blind wie ein Maulwurf!" belehrte ich ihn mit gespielter Entrüstung.
Die Kollegen im Rathaus ließen mich grüßen. Sie amüsierten sich köstlich darüber, daß der erste Sohn des Standesbeamten an einem Montag und am Ersten des Monats zur Welt gekommen war. Noch am selben Tag wollte der stolze Vater seinen Sohn in das Geburtsregister eintragen lassen; den Namen Gerhard hatten wir längst ausgesucht, doch die Kolleginnen im Standesamt weigerten sich beharrlich, einen „derart altmodischen Namen" für den Sohn ihres Chefs zu registrieren. Nach langem Suchen fanden wir den Namen Florian, der schließlich von den Damen akzeptiert wurde.
Gegen Abend kam Schwiegermutter und brachte ein Täubchen mit, das für mich gebraten werden sollte. „Damit du schnell zu Kräften kommst", sagte sie freundlich und wandte sich schon dem Kleinen zu. Sie benahm sich, als wäre ein Enkelkind schon immer ihr sehnlichster Wunsch gewesen. „Wenn du größer bist, baut Opa dir ein Schaukelpferd", säuselte sie. Florian schlief und nahm von seiner Umgebung keine Notiz.
Nach einigen Tagen durfte ich aufstehen. Mit großem Eifer lernte ich, Florian zu baden, zu wickeln, seine Mahlzeiten zu bereiten und ihn zu füttern. Gerne hätte ich ihn gestillt, doch was ich zu bieten hatte, reichte bei weitem nicht.
Nach zehn Tagen holte Eberhard uns mit dem Auto ab. Ellen lieh mir ihren großen Wäschekorb, von Annemarie stammten das fahrbare Untergestell und die Matratze. Mit blaugeblümtem Stoff ausgeschlagen, wirkte Florians Bettchen neben dem weißen Kachelofen sehr dekorativ.
Mir ging es gut, ich fühlte mich meinen Pflichten gewachsen und lehnte das Angebot meiner Schwiegermutter ab, vorerst gemeinsam in einer Küche zu kochen. Auf den Vorschlag, den Babykorb in ihr Wohnzimmer zu stellen, weil es dort ruhiger sei, ging ich schon gar nicht ein.
Freunde, Bekannte und Kollegen besuchten uns, Blumen wurden ab-

gegeben, der Postbote brachte tagelang Glückwünsche. Auch aus Ebenhausen kam ein Telegramm. Sonst ließen Eltern und Geschwister kaum noch von sich hören, seit sie im September in das neue Haus gezogen waren.

Mein Dreipersonenhaushalt machte mir in den ersten Wochen doch sehr zu schaffen. Alle vier Stunden rund um die Uhr verlangte Florian mit lautem Gebrüll sein Fläschchen. Tagsüber gab es keine Schwierigkeiten, und für die Nachtmahlzeit hatte Reinhard einen elektrischen Spiralkocher besorgt. Aber häufig war im Zuge von Energiesparmaßnahmen nachts der Strom abgeschaltet. Der Kachelofen gab um diese Zeit nicht mehr genügend Wärme ab, und mir blieb oft nichts anderes übrig, als den Küchenherd anzuheizen. Dabei hätte ich die Nachtruhe dringend gebraucht, denn mein Tagewerk war recht umfangreich. Florians Windeln kochte ich täglich in einem kleinen Waschkessel auf dem Küchenherd aus, hängte sie zum Vortrocknen auf den Dachboden und holte sie abends zum Nachtrocknen in die Küche.

Florians Mahlzeiten bestanden aus verdünnter Milch mit etwas Zukker, in die ich von der dritten Woche an ein wenig Grieß oder Mehl einrührte und die jedesmal frisch zubereitet wurden. Frau Vogt, die mich hin und wieder besuchte, um mich zu beraten, empfahl auch, den Kleinen täglich eine Stunde auszufahren.

So verging der November im Flug, und Florian entwickelte sich prächtig. Steckte ich ihn in sein Badewasser, zappelte und strampelte er, daß es nur so spritzte, und wenn er schlief, mit leicht geröteten Wangen, die kleinen Hände zu Fäustchen geballt, dann störte ihn nichts, was auch um ihn herum geschah.

Reinhard kam im Gegensatz zu früher abends pünktlich nach Hause. Beugte er sich über das Babybettchen, lachte Florian ihn freundlich an. Wenn der stolze Vater Zeit hatte, ließ er es sich nicht nehmen, ihm das Fläschchen selbst zu reichen. ,,Wir Männer müssen zusammenhalten", flüsterte er seinem Sprößling zu, dessen Lächeln mehr bewirkte als alle meine Vorwürfe und Szenen zusammen: In Reinhard Osswalds Privatleben gab es – zumindest vorerst – keine Fräulein Kuhnkes mehr.

Schwiegermutter behandelte mich zuvorkommend wie nie zuvor, der Weg zu ihrem geliebten Enkel ging an mir vorbei, und Reinhards Vater kam jeden Abend herüber, um nach dem Kleinen zu sehen.

Es ging schon auf Weihnachten zu, da kam noch ein verspäteter Gratulant:

Franz Neumann, der SED-Vorsitzende. Er übergab mir einen Strauß roter Nelken und ließ sich in unser Sesseleckchen bitten. „Hübsch habt ihr's hier", meinte er, während Reinhard ihm und sich einen Klaren einschenkte.

Es stellte sich heraus, daß unser Gast nicht nur zum Gratulieren gekommen war, sondern auch in seiner Eigenschaft als Funktionär des Freien Deutschen Gewerkschaftsbundes. Mit Reinhard zusammen wollte er eine Resolution verfassen. Es ging um die steigenden Preise für Gebrauchsgüter, die in keinem Verhältnis mehr zu den Durchschnittslöhnen standen. Ein Arbeiter verdiente in der Stunde ungefähr 85 Pfennige, dagegen bezahlte man zum Beispiel für einen Pullover 52 Mark, für einen Regenmantel 100 Mark und für einen Anzug 116 Mark.

Reinhard versprach seine Hilfe und wetterte auch gleich gegen die Ungerechtigkeiten bei der Lebensmittelverteilung. Es kam nämlich nicht selten vor, daß Berlin und seine Randgebiete mit Fleisch und Fett versorgt wurden, während in den Erzeugergebieten auf Fleischmarken Fisch und Magerkäse zur Verteilung gelangten.

Die beiden Männer steckten die Köpfe zusammen, entwarfen Formulierungsvorschläge, und es war spät, als der Besuch sich erhob. Ehe er sich verabschiedete, zog er seine Brieftasche heraus, entnahm ihr einen ausgefüllten Aufnahmeantrag für die SED, legte ihn auf den Tisch und sagte mit fester Stimme zu Reinhard: „Es wird jetzt Zeit, daß das endlich erledigt wird!"

Sollte Reinhard unterschreiben oder nicht, wir debattierten stundenlang. Es war noch gar nicht lange her, da hatten wir die Leute verurteilt, die im Dritten Reich wegen des zu erwartenden Profits der Partei beigetreten waren. Standen wir nicht im Begriff, das gleiche zu tun?

Wir gingen die Kollegen im Rathaus durch. Die Leiter der Stadtkasse, des Wohnungsamtes, der Fürsorge- und der Landwirtschaftsabteilung waren alle SED-Mitglieder. Reinhard, der ihnen übergeordnet war, würde seine Stellung weder halten noch ausbauen können, wenn er nicht unterschrieb.

Was aber sollte er sonst tun? Die Zeiten hatten sich geändert. Sogar kleine Privatunternehmer wie Schwiegervater litten zunehmend unter der Konkurrenz der volkseigenen Betriebe, die sich in den Händen der Partei befanden. Aus eigener Erfahrung wußte ich, daß mit Neumann nicht zu spaßen war, wenn er sich etwas in den Kopf gesetzt hatte. Reinhard war kein Kommunist und würde nie einer werden, aber es gab auch viele überzeugte ehemalige Sozialdemokraten in der SED, und bei einem solchen wollte er sich Rat holen.

Otto Schröder, pensionierter Stadtarbeiter, war schon in seiner Jugend Mitglied der Sozialdemokratischen Partei gewesen. Die Partei brauche Männer, die den Mut hätten, den Mund aufzumachen, meinte der erfahrene alte Mann, außerdem könne Reinhard nicht gegen den Strom schwimmen. Er brauche ja nicht zu unterstützen, was er nicht verantworten könne. Im Gegenteil, als Parteimitglied gelinge ihm vielleicht sogar, einiges zu verhindern. Auf jeden Fall solle er an seine Familie denken.

Reinhard unterschrieb.

Jetzt konnte er in der SED-Betriebsgruppe Stadtverwaltung die Resolution selbst erläutern, ehe sie der Mitgliederversammlung zur Annahme vorgelegt wurde. Zufrieden kam mein Mann nach Hause, denn seine Vorschläge waren einstimmig angenommen worden.

Bekleidung und Schuhe waren nicht nur sündhaft teuer, sie hatten – zumindest aus weiblicher Sicht – einen weiteren großen Nachteil. Alle Kleider und Mäntel einer Zuteilung waren aus demselben Stoff und im gleichen Schnitt angefertigt, es gab nur Größenunterschiede. Die Damen in der Ostzone schienen uniformiert. Trotzdem mußte ich Fräulein Horn in der Bezugsscheinstelle einen Besuch abstatten. Ich brauchte dringend ein neues Kleid und erhielt auch kurze Zeit später einen Bezugsschein. Zum Glück gab es mein Pepitakleid in Strasburg nur in sechsfacher Ausfertigung.

In diesem Jahr erübrigte sich der Stadtbummel zum Einkauf von Weihnachtsgeschenken, unsere Kasse war wieder einmal leer. Mit leisen Andeutungen wiesen wir unsere Familien darauf hin, daß mit Geschenken von unserer Seite nicht zu rechnen sei, dann kauften wir mit unserem letzten Geld einen Christbaum und Christbaumschmuck, soviel wir bekommen konnten. Florian liebte leuchtende, glänzende Dinge.

Am letzten Arbeitstag vor Weihnachten rannte Reinhard die Treppe herauf. „Geliebtes Weib! Der Weihnachtsmann ist gekommen!" begrüßte er mich stürmisch.

„Du meinst, das Christkind", neckte ich ihn.

„Meinetwegen", sagte er ungeduldig, „stell dir vor, mein Vorgänger hat seinen Schrebergarten an die Stadt zurückgegeben."

„Und was hat das mit dem Christkind zu tun?" wollte ich wissen. „Die Stadt hat ihr Grundstück am Wasserturm in kleine Gärten unterteilt, die an verdiente Beamte und Angestellte vergeben werden. Herr Paulus kann den Inspektorengarten wegen seines Alters nicht mehr bewirtschaften. Jetzt hat der Stadtrat ihn mir angeboten. Ich habe sofort zugesagt."

„Wir haben einen eigenen kleinen Garten?" Ich konnte es nicht glauben.

„Ja... ja, mein Schatz!"

„Das ist das schönste Weihnachtsgeschenk, das ich mir denken kann!"

„Ich kenne den Garten. An den Rändern der Gemüsebeete wachsen Beerensträucher, und in einer kleinen Wiese steht ein Apfelbaum. Herr Paulus hat ein Gartenhäuschen reingestellt. Das kaufen wir ihm ab. Morgen zeige ich dir alles."

Bei den Schwiegereltern gab es an Weihnachten Gänsebraten, zu dem wir eingeladen waren. Ich half in der Küche, fütterte Florian, zog ihn an und packte ihn in den Kinderwagen. Dann marschierten wir zum Wasserturm. Schnee lag über dem kleinen Garten, doch in meiner Fantasie blühte der Apfelbaum, darunter spielte Florian im Gras, und auf der kleinen Bank vor dem Gartenhäuschen saß ich über einer Handarbeit.

Es war das schönste Weihnachtsfest, das ich bis dahin erlebt hatte.

Zu Silvester luden Reinhard und ich die Freunde ein. Annemarie wollte Krapfen und Kuchen backen, Ellen opferte eines ihrer Hühner für eine Mitternachtssuppe, und ich steuerte kalten Schweinebraten und Kartoffelsalat bei.

„Kommt mir ja nicht mit eurem Fusel", warnte Ellen in Anspielung auf Vater Osswalds Selbstgebrannten. Da war guter Rat teuer; die Auszahlung des Dezembergehalts konnte unsere Finanzlage nur unbedeutend verbessern. Die Flasche mit gekauftem Schnaps, die wir für Besuche bereithielten, war gerade noch halbvoll. Sonst standen nur die beiden Flaschen Osswaldsche Hausmarke im Schrank, die Schwiegervater uns als Lohn für unsere Hilfe bei der Gewinnung derselben geschenkt hatte.

Mir kam ein rettender Gedanke: „Ich versuchs beim Apotheker." Nach telefonischer Anmeldung packte ich die beiden Flaschen ein und ging. Herr Steiner erwartete mich bereits. Eine Flasche verschwand in seinen Privaträumen, dann ging er mit großer Geschäftigkeit ans Werk.

„Bitte, kosten Sie! Schmeckt schon viel besser", meinte er nach dem zweiten Filtern. Aus einem Schränkchen holte er kleine Porzellandosen mit geheimnisvollen Essenzen. Von jeder gab er ein paar Tropfen oder Spritzer an das Gebräu. Es veränderte sich in Farbe und Geschmack zusehends. Wir nahmen noch eine letzte Kostprobe und waren zufrieden. Steiner schleppte ein dickes Buch herbei. „Wir brauchen noch einen Namen", sagte er. Sein Zeigefinger fuhr über die Seiten. Plötzlich hielt er inne. „Vortrefflich! ‚Arque busade', klingt das nicht herrlich!" Er holte ein Etikett aus der Schublade und schrieb die Bezeichnung mit kunstvollen Schnörkeln darauf. Die Flasche war durch die Zusätze trotz einiger Kostproben noch fast voll. Sie wurde verkorkt und das Etikett aufgeklebt. Beschwingt trat ich den Heimweg an.

Die Freunde kamen pünktlich. Reinhard füllte ein Glas und reichte es Ellen. „Ein Gedicht", schwärmte sie und schaute auf das Etikett. „Arque busade? Was ist denn das?"

„Diese Pulle hat Monika besorgt", erklärte Reinhard wahrheitsgemäß.

„Tja, wenn man Beziehungen zum Westen hat, kommt man leichter an solche Genüsse", meinte sie. Reinhard blinzelte mir zu.

Ich entschuldigte mich, um nach Florian zu sehen, der zum ersten Mal bei Oma und Opa untergebracht war. Es wunderte mich auch, daß die beiden so lange auf sich warten ließen, obwohl wir sie eingeladen hatten.

In ihrem Wohnzimmer war die Stehlampe mit Tüchern verhängt. Der Korbwagen stand neben dem Sofa, auf dem die Schwiegereltern saßen. „Wir kommen später, wir können das Kind nicht allein lassen." Schwiegermutter flüsterte, um Florians Schlaf nicht zu stören. Ich ging wieder hinüber. Eberhard erzählte gerade von Schreinermeister Köster, dessen böse Frau stets die Haustüre abschloß, wenn er später als um zehn Uhr vom Gesangsvereinsabend heimkehrte. Läutete er, ließ sie ihn erst eine Weile warten, um ihn dann mit heftigen Vorwürfen zu überhäufen. Eines Tages war er das ewige Gezänke leid. Er hängte die Haustüre aus und schleppte sie mit zum Gasthaus Krull. Diese Begebenheit sprach sich in Windeseile herum. So zum Gespött der ganzen Stadt geworden, ließ Frau Köster ihren Mann fortan in Frieden.

Während der Unterhaltung langten alle kräftig zu. Reinhards Eltern kamen gerade rechtzeitig, um mit uns auf ein gutes neues Jahr anzustoßen. Griebenschmalz und selbstgebackenes Brot, die Schwiegermutter mitbrachte, fanden großen Anklang, ebenso Ellens Hühnersuppe. Wir feierten weiter bis in die frühen Morgenstunden. In der Küche stand noch ein großer Teller mit Krapfen und Kuchen. Wir beschlossen, die Neujahrsnacht mit dem Frühstück zu beenden, ich spendierte dazu den letzten Bohnenkaffee aus Ebenhausen.

Florian war nun zwei Monate alt; aus einem winzigen, hilflosen Wesen, das nur schlief oder brüllte, war ein handliches Baby mit Kringeln an Handgelenken und Oberschenkeln geworden, das große Freude zeigte, wenn man sich mit ihm beschäftigte, und das endlich nachts durchschlief. Die Großeltern liebten es ebenfalls abgöttisch. Sie benahmen sich auch mir gegenüber, als wäre nie ein böses Wort zwischen uns gesprochen worden. Ich akzeptierte ihr Verhalten um Florians willen, aber was Schwiegermutter mir angetan hatte, konnte ich nicht vergessen. Allerdings war es sehr angenehm für mich, Florian ihrer Obhut anvertrauen zu können, wenn ich abends ausging.

Der Kulturbund der Stadt Strasburg, dem Reinhard und ich angehörten, veranstaltete einen Vortragsabend. Diese Vereinigung bemühte sich um den kulturellen Neuaufbau des Landes. Lehrer, Ärzte, Geschäftsleute gehörten dazu, die mit Vorträgen und Diskussionen dazu beitragen wollten, Kunst und Kultur zu entwickeln und zu fördern. Reinhard half, den Abend zu organisieren. Ich saß an einem Tisch mit den Damen der Vorstände, die durchwegs älter waren. Nach dem Vortrag unterhielten sie sich eingehend über die Modehäuser von Westberlin, bedauerten den geringen Wert der Ostmark gegenüber der D-Mark und schwärmten von traumhaften Kleidern zu astronomischen Preisen. Sie redeten und gestikulierten wild durcheinander, und als dieses Thema erschöpft war, fielen sie mit Ratschlägen zur Kindererziehung über mich her.

Endlich setzte sich ein Herr zu uns, den ich aus Proben und Aufführungen der Strasburger Kammermusikvereinigung kannte, Wilfried Köppen, der das Bekleidungshaus am Marktplatz betrieb. Er sei an den Tisch gekommen, um sich mit mir zu unterhalten, ob ich nicht Lust hätte, im Orchester zu musizieren, es fehlten zwei Geigen. Meine Ausflüchte, daß ich lange nicht geübt hätte und auch erst meine Geige aus Bayern schicken lassen müßte, ließ er nicht gelten. Er versprach, mir eine seiner Geigen zu leihen, dafür könne ich ihm den Gefallen erweisen, der Tochter seines Freundes, einer Anfängerin, Unterricht zu erteilen. Ich wil-

135

ligte mit Freuden ein und brannte darauf, es Reinhard zu erzählen, doch mein Mann war von mehreren Herren umringt, die eifrig auf ihn einredeten. Erst auf dem Heimweg konnten wir uns unterhalten, und ich erfuhr, daß Reinhard nahegelegt worden war, bei der nächsten Wahl für das Amt des Bürgermeisters zu kandidieren. Die Herren versprachen, ihn zu unterstützen.

Daß ich mich musikalisch betätigen wollte, freute meinen Mann. Er erlaubte mir sogar, zu üben und Stunden zu erteilen, wenn er daheim war.

Bei Oma und Opa Osswald bot sich uns das gleiche Bild wie an Silvester: Abgedunkelte Beleuchtung – die Großeltern einträchtig neben Florians Bettchen auf dem Sofa sitzend. Sie ermunterten uns, Einladungen getrost anzunehmen, wir könnten doch unsere gesellschaftlichen Pflichten nicht vernachlässigen – und Florian sei ja so brav.

Wilfried Köppen besuchte mich schon am folgenden Tag und übergab mir eine Geige sowie mehrere Notenbücher und -hefte. Die kleine Brigitte, meine zukünftige Schülerin, brachte er auch gleich mit. Ich bat um eine Frist von acht Tagen, um mich auf den Unterricht vorzubereiten und mit dem Instrument vertraut zu machen, und übte Tag für Tag. Nach einer Woche kam Brigitte pünktlich zur ersten Geigenstunde. Das zehnjährige Mädchen war sehr aufgeweckt und mit Feuereifer bei der Sache. Der Unterricht machte uns beiden viel Spaß. Angesichts der eintönigen Hausarbeit war ich sehr froh um diese Nebenbeschäftigung. Meine Arbeit im Kulturreferat der FDJ konnte ich vorerst nicht wieder aufnehmen. Dort hatte es einige Veränderungen gegeben. Der ‚Lindengarten' war verpachtet und nach notdürftiger Renovierung als Gaststätte wiedereröffnet worden. Bertrams erhielten bei dieser Gelegenheit endlich eine richtige Wohnung. Es gab vorläufig kein Jugendheim und damit keinen Raum für Theater- und Chorproben mehr. Das FDJ-Büro war im SED-Haus untergebracht. Versammlungen und größere Veranstaltungen fanden in öffentlichen Lokalen statt.

Auf Schwiegermutters Angebot, Florian nachts zu beaufsichtigen, kamen wir bald zurück. Wilfried Köppen lud Reinhard und mich zu einem Faschingshausball in seinen Verkaufsräumen ein, zu dem auch die Mitglieder der Kammermusikvereinigung kamen. Diese sympathischen Leute arbeiteten in den verschiedensten Berufen und hatten nur eines gemeinsam, die Liebe zur Musik. Ihre Konzerte wiesen ein beachtliches

Niveau auf und waren immer ausverkauft. Um sich weiterzubilden, trafen sie sich außerhalb der Orchesterproben in kleinen Kammermusikkreisen. Köppen riet mir, mich einer solchen Gruppe anzuschließen, um mich an das Musizieren in der Gemeinschaft zu gewöhnen, was ich gerne zusagte. Sonst wurde an diesem Abend nicht allzuviel über Musik gesprochen und Reinhard, der bei den Damen Hahn im Korb war, vergnügte sich ebenfalls bestens.

Wenn ich mich in meinem neuen Freundeskreis auch ausgesprochen wohl fühlte, die Abende daheim genoß ich genauso. Die Bücherreihen im Regal wuchsen zusehends. Ich konnte ungestört lesen, so lange ich wollte, und niemand tadelte mich. Oft hörte ich auch Radio, strickte dabei, und wenn Reinhard unterwegs war, wartete ich auf ihn.

Es war gegen Ende Februar. Er kam von einer Parteiversammlung, legte den Mantel ab und setzte sich zu mir. „Neumann hat mir vorgeschlagen, für die Partei als Bürgermeister zu kandidieren."

„Du kriegst sicher eine Menge Stimmen."

„Die Arbeit würde mir Spaß machen. Außerdem steht dem Bürgermeister eine größere Wohnung zu, und er verdient mehr Geld."

Ich legte das Strickzeug weg und lehnte mich zurück. „Eines Tages kann man sicher wieder in den Westen reisen. Dann kauf ich mir in Westberlin teure Kleider und fahr als Frau des Bürgermeisters von Strasburg nach Ebenhausen", schwärmte ich.

Reinhard lachte und fragte unterwürfig: „Würdest du unter Umständen gestatten, daß dich der Sohn des Bürgermeisters und der Bürgermeister begleiten?"

„Das muß ich mir noch reiflich überlegen", antwortete ich mit gespielter Hochnäsigkeit.

Um elf Uhr gingen wir zu Bett. Irgendwann träumte ich, das Telefon läute. Als es nicht aufhören wollte, fuhr ich hoch. Hellwach knipste ich die Nachttischlampe an; es war zwei Uhr. Ich sprang aus dem Bett und lief an den Apparat. Eine männliche Stimme meldete sich: „Sind Sie die Frau von Reinhard Osswald?"

„Ja."

„Sagen Sie Ihrem Mann, er möchte sich heute vormittag um zehn Uhr in der Kreiskommandantur in Prenzlau melden."

„Warum denn?"

„Das kann ich Ihnen nicht sagen. Also vergessen Sie nicht: Heute zehn Uhr!" – „Ja, aber..."

Die Verbindung war unterbrochen. Ich legte den Hörer auf und wandte mich um. Reinhard saß aufrecht im Bett. „Wer war denn das? Hast du diesem Scherzbold gesagt, daß man um diese Zeit keine Leute aus dem Bett klingelt?" Zitternd kroch ich zu ihm ins Bett. „Du sollst dich um zehn Uhr bei den Russen in Prenzlau melden."

Er erschrak. „Die Registrierung ehemaliger Offiziere war doch in diesem Monat schon. Was die wohl wollen!"

„Hast du irgendwann einmal etwas Unüberlegtes gesagt?"

„Nein. Ganz bestimmt nicht!"

„Soll ich Eberhard anrufen? Zur Registrierung seid ihr doch immer gemeinsam gefahren."

„Nein. Um Gottes willen! Wir wissen nicht, wer in der Vermittlungsstelle sitzt. Aber die Idee ist nicht schlecht. Komm! Wir gehen zu Ellen und Eberhard!"

Leise zogen wir uns an. Florian schlief, er atmete ruhig und gleichmäßig. Wir schlichen aus dem Haus.

Um die Hausbewohner nicht zu wecken, klopfte Reinhard leise an das im Parterre gelegene Schlafzimmerfenster der Freunde. Es dauerte nicht lange, da wurde das Fenster einen kleinen Spalt geöffnet. „Ach, ihr seid's! Kommt an die Türe!" flüsterte Eberhard. Er bat uns herein, auch Ellen war inzwischen aufgestanden. Ratlos saßen wir uns gegenüber. Mit der monatlichen Registrierung ehemaliger Offiziere hatte der Anruf nichts zu tun, soviel war klar. Aber was steckte dahinter?

„Ich fahre dich nach Prenzlau und warte vor der Kommandantur auf dich. Sicher handelt es sich um ein Mißverständnis. Solche Methoden wenden sie nur bei Leuten an, die etwas ausgefressen haben", versuchte Eberhard, uns zu trösten. Als wir uns jedoch verabschiedeten, waren die Freunde genauso beunruhigt wie wir.

In dieser Nacht fanden wir keinen Schlaf mehr. Reinhard ließ sein Frühstück unberührt stehen und ging zur gewohnten Zeit in sein Büro, wo Eberhard ihn später abholen wollte.

Als Reinhard mittags nicht kam, sagte ich den Schwiegereltern, daß er dienstlich nach Prenzlau gefahren sei. Von da an wurde ich von Stunde zu Stunde unruhiger.

Am Nachmittag packte ich Florian in seinen Wagen und ging zu Ellen. Eberhard hatte sich auch nicht gemeldet. Auf einem Umweg schob ich den Kinderwagen wieder nach Hause, hoffend, daß Reinhard inzwischen zurückgekehrt sei. Vergeblich.

Es dämmerte schon, als Eberhards Auto vorfuhr. Ich lief zur Wohnungstüre. Wortlos ging Reinhard an mir vorbei zu Florians Bettchen, der Kleine lachte ihn freundlich an. Da ließ Reinhard sich in einen Sessel fallen und schluchzte laut. Ich schmiegte mich an ihn und wartete, bis er sich beruhigt hatte.

Nun erzählte er mir seine Unterredung mit den Russen von Anfang an. Er wurde in einen Raum geführt, dessen Einrichtung aus einem Tisch und ein paar Stühlen bestand. Hier mußte er so lange warten, daß er schon glaubte, man habe ihn vergessen. Endlich brachte ihn eine Dolmetscherin zu einem Major, der an einem Schreibtisch saß und ihm bedeutete, Platz zu nehmen. Zuerst stellte der Offizier die gleichen Fragen, die bei der monatlichen Registrierung üblich waren: Name, Dienstgrad, Fronteinsätze, Orden und Kriegsgefangenschaft. Nun kam er zur Sache. Er ließ sich ausführlich über Reinhards Arbeit im Rathaus berichten und wußte bereits, daß ihm die Bewerbung um den Bürgermeisterposten von verschiedenen Seiten nahegelegt worden war. Dann wollte er die Namen unserer Freunde wissen. Reinhard blieb vorsichtig. Er habe ein paar flüchtige Bekannte. Da wurde der Major unwirsch: „Nix Bekannte. Beenz, Heumann sind Freunde."

Er fragte Reinhard, ob er gewillt sei, am Aufbau des jungen sozialistischen Staates mitzuhelfen. Natürlich wollte Reinhard. Daraufhin wurde der Russe deutlich. Der junge sozialistische Staat habe Feinde, die auf die russische Politik schimpften, sich westdeutsche Zeitungen beschafften und verbreiteten. Reinhard solle Namen nennen. Reinhard weigerte sich ganz entschieden, Leute zu denunzieren. Der Major erhob sich, steckte seine auf dem Schreibtisch liegende Pistole ein und empfahl Reinhard, sich die Sache in Ruhe zu überlegen, er habe keine Eile, dann ging er.

Eine knappe Stunde verging, bis der Russe sich endlich wieder an seinen Schreibtisch setzte. Er war jetzt überaus freundlich, bot Reinhard eine gute Bezahlung für seine Dienste und versprach ihm seine Unterstützung in der Stadtverwaltung.

Reinhard beteuerte verzweifelt, daß er in seinem ganzen Leben noch keinen Menschen bespitzelt habe.

Da verfinsterte sich die Miene des Majors. „Das ist kein Angebot, das ist ein Befehl!" brüllte er wütend.

Er warf Reinhard ein beschriebenes Blatt Papier hin und sagte barsch: „Unterschreiben!"

Reinhard zögerte, weil er den russischen Text nicht lesen konnte. Der Mann drückte auf einen Knopf; die Dolmetscherin erschien. Nach einer kurzen Unterhaltung in russisch nahm sie das Schriftstück und ging.

Das Telefon klingelte. Der Major war inzwischen so ärgerlich geworden, daß er auch seinen Telefonpartner anschrie. Reinhard sah ein, daß er nicht mehr widersprechen durfte, wenn er das Haus mit heiler Haut verlassen wollte. Diesmal brauchte er nicht lange zu warten. Die Dolmetscherin legte ein Schriftstück vor ihn und reichte ihm einen Füllfederhalter. „Ich verpflichte mich...", die Buchstaben tanzten vor Reinhards Augen. Er setzte seinen Namen unter den Text und erhob sich.

Der Russe sagte in herrischem Ton, daß er Reinhard in einer Woche zur selben Zeit erwarte. Er wünsche genaue Angaben, mit welchen Westzeitungen der Zeitschriftenhändler Beermann handle und wer die Abnehmer seien. „Zu keinem Menschen sprechen über Vertrag! Auch nicht zu eigene Frau!" befahl er und verließ den Raum. Die Dolmetscherin begleitete Reinhard zum Ausgang.

Eberhard, der vor der Kreiskommandantur warten wollte, war nirgends zu sehen. Kein Wunder, dachte Reinhard, seit sie sich voneinander verabschiedet hatten, waren sechs Stunden vergangen. Er machte sich auf den Weg zum Bahnhof, da hielt ein Auto neben ihm. Es war Eberhard, der es für ratsam gehalten hatte, in einer Nebenstraße zu warten, nachdem ihm auf einen Anruf in der Kreiskommandantur hin mitgeteilt worden war, Reinhard halte sich nicht dort auf.

Reinhard schwieg eine Weile, dann wandte er sich an den Freund: „Frag mich nicht, was die von mir wollen. Ich geb dir nur den einen Rat: Trau keinem Menschen in diesem Land. Ich glaub, die beschatten jeden von uns."

Bevor ich richtig begriff, schaute mich Reinhard verzweifelt an: „Wir haben eine Woche Zeit, um uns nach Westberlin abzusetzen."

Von unserer Wohnung, die wir mit so viel Liebe eingerichtet hatten, von unseren Freunden, von unserem Garten, auf den wir uns so freuten, sollten wir uns trennen. Reinhard sollte seine Position im Rathaus aufgeben und ich meine Musikerfreunde wieder verlieren! Der Gedanke schien mir absurd. Es mußte einen Ausweg geben!

„Ich sehe keine andere Möglichkeit", bekräftigte Reinhard seinen Entschluß, und leise fuhr er fort: „Entweder ich denunziere andere Leute oder sie sperren mich ein."

Ich ging in die Küche und kochte ein Milchsüppchen für Florian. Er zog kräftig an seinem Fläschchen. Es störte ihn nicht, daß seine Mutter weinte und dicke Tränen auf sein Jäckchen tropften.

Als der erste Schreck vorüber war, briet ich Kartoffeln, öffnete ein Glas mit Blutwurst und röstete Zwiebeln. Reinhard, der erst vorgab, keinen Appetit zu haben, erschien nun doch in der Küche.

An diesem Abend saßen wir lange in unserem gemütlichen Eckchen. Aus dem Radio ertönte Musik. Kein Lauscher sollte unsere Unterhaltung mithören. Wir planten unsere Flucht.

Am folgenden Tag, es war ein Samstag, weihte Reinhard seine Eltern in unsere Pläne ein. Seine Mutter senkte schweigend den Kopf, und sein Vater sagte: „Ich habe es kommen sehen, ihr seid nicht die ersten. Wir hätten euch nicht in die Ostzone holen sollen."

Eberhard und Ellen erfuhren nur, was sie unbedingt wissen mußten, wir wollten die Freunde nicht belasten.

Es war auch uns bekannt gewesen, daß die Russen Leute in ihre Dienste zwangen. Bisher glaubten Reinhard und ich, es handle sich dabei ausschließlich um Personen, die sich durch „staatsfeindliches Verhalten" in Mißkredit gebracht hatten. Nach Reinhards Verhandlung in Prenzlau waren wir jedoch fest davon überzeugt, daß der Kreis der Spitzel und Bespitzelten viel größer war, als wir ahnen konnten.

In den nächsten Tagen durfte uns kein Fehler unterlaufen; wir mußten uns so unauffällig wie möglich benehmen.

Den Samstagabend verbrachten wir wie gewöhnlich im Hause Beenz. Am Sonntag führten alle Organisationen und Vereine der Stadt eine Aufräumaktion auf ausgebombten Grundstücken durch, Reinhard führte eine Gewerkschaftsgruppe an. Er erschien als einer der ersten am Einsatzort und kam erst spät am Abend nach Hause. Am Montag ging er wie immer in sein Büro. Durch Fräulein Bilge ließ er sich beim Standesbeamten von Pasewalk anmelden, der ihn vor längerer Zeit eingeladen hatte. Am frühen Nachmittag fuhr er mit dem Zug dorthin, wo ihn der Beamte erwartete.

Gegen Abend brachte Eberhard seinen DKW in die Werkstatt. Nach Feierabend fuhr Schwiegervater den Wagen wie üblich in die Toreinfahrt. Die Dunkelheit brach herein; die Hausbewohner hielten sich in ihren Wohnungen auf. Unbemerkt konnte ich den großen Koffer und zwei Taschen auf dem Rücksitz verstauen. Eberhard kam nach alter Gewohnheit in die Wohnung, ehe er den Wagen abholte. Niemand begegnete ihm, als er zum Wagen ging, und niemand sah, daß ich ihm folgte mit Florian, der in eine große Decke gewickelt war.

Noch einmal fuhren wir über den Marktplatz, die Jüteritzer Straße hinunter, am See vorbei. Lebwohl, du liebes Städtchen; auf Wiedersehen, teure Freunde; doswidanija, ihr Russen, eure Kreiskommandantur soll der Teufel holen!

Reinhard wartete in Pasewalk vor dem Bahnhof. Zum Abschiednehmen blieb nicht viel Zeit, der Zug nach Berlin lief ein.

In den Gängen herrschte dichtes Gedränge. Irgend jemand bot mir einen Platz neben einer Abteiltüre an, Reinhard blieb im Gang stehen.

In dieser Zeit hatten die Russen den Güterverkehr nach Westberlin auf dem Landweg durch die Ostzone gesperrt; die Alliierten versorgten die betroffene Bevölkerung durch die Luftbrücke. Viele Westberliner versuchten, zusätzlich Lebensmittel in der Ostzone zu kaufen oder zu tauschen, was verboten war. Die Volkspolizei kontrollierte Grenzgänger besonders streng.

Florian, der sonst um diese Zeit schlief, bewegte sich unruhig. Als der Zug in Prenzlau hielt, erhob ich mich und legte den Kleinen im matten Schein der Bahnhofsbeleuchtung für einen Augenblick auf meinen Platz.

Da – ein lautes Klirren! Glas splitterte. Florian schrie auf. Mit schnellem Griff holte ich den Kerzenstummel und die Streichhölzer, die ich vorsorglich eingesteckt hatte, aus meiner Manteltasche. Ich dachte nur an eines, und Reinhard, der nach wenigen Sekunden an meiner Seite war, sprach es aus: „Beeil dich! Wenn er verletzt ist, steigen wir sofort aus!"

Vorsichtig hielt ich die kleine Flamme über Florian. Vor Schreck stockte mir der Atem. Eine große Glasscherbe mit messerscharfen Kanten und Zacken steckte wenige Zentimeter hinter Florians Köpfchen senkrecht in der hölzernen Sitzbank. Ich gab Reinhard die Kerze und hob den Kleinen auf den Arm. Ein paar Frauen halfen, nach Glasscherben zu suchen. Florian hatte unvorstellbares Glück. An ihm selbst und auch an seiner Kleidung fand sich nicht der kleinste Splitter.

Der Zug setzte sich wieder in Bewegung, und wenig später waren Decke und Sitzplatz frei von Glas. Florian war schon eingeschlafen, als ich mich wieder setzte. Der Mann, der mit seinem vollen Rucksack die Scheibe eingedrückt hatte, war im Gedränge verschwunden. „Ihr Kind hat einen Schutzengel. Sie können Ihrem Herrgott danken!" sagte eine Frauenstimme. Ich drückte Florian an mich und dachte daran, daß schon einmal ein Schutzengel seine Hand über ihn gehalten hatte. Damals war er noch nicht geboren. Welch seltener Zufall! Der Ort, an dem ich vor einem Jahr beinahe die Nerven verloren hätte, lag nur wenige hundert Meter vom Bahnhof Prenzlau entfernt.

Die Weiterfahrt verlief ohne Zwischenfälle. Je näher der Zug Bernau, der letzten Bahnstation in der Ostzone, kam, um so stiller wurde es im Abteil. „Gott sei Dank! Wir haben Verspätung", stellte jemand fest. Es bestand Hoffnung, daß die Polizei auf Kontrollen verzichtete. Als der Zug in Bernau einlief, wurden auf dem Bahnsteig Stimmen laut. Ängstlich lauschten die Reisenden in den sich schier endlos dehnenden folgenden Minuten.

Der Pfiff des Bahnhofsvorstehers kam wie eine Erlösung. Der Zug fuhr weiter; anscheinend waren nur einige Wagen durchsucht worden.

Am Bahnhof Gesundbrunnen stiegen wir aus und gingen die Badstraße hinunter. Mühelos fanden wir die kleine Nebenstraße, in der Onkel Leo, Tante Maria und Anne wohnten.

Tante Anna verbrachte die Abende meistens mit Freunden; sie saß nicht gerne allein, und wir hätten damit rechnen müssen, vor verschlossener Türe zu stehen. Anmelden konnten wir uns nicht, denn es kam vor, daß das Telefon überwacht und Briefe kontrolliert wurden. Deshalb hatte Reinhard vorgeschlagen, bei Anne und ihren Eltern anzuklopfen.

Nun verließ mich aller Mut. Es war schon nach zehn Uhr, und ich war Alwine Osswalds Bruder und Schwägerin noch nie begegnet. Anne öffnete auf unser Läuten, ihre Eltern erschienen, baten uns freundlich herein, ließen sich gleich die Beweggründe für unsere ungewöhnliche Reise schildern und boten voll Mitleid ihre Hilfe an. Mir fiel ein Stein vom Herzen.

„Wir melden uns morgen im Flüchtlingsamt und lassen uns in ein Lager einweisen", versprach Reinhard.

Ich packte eine der beiden Taschen aus, die Lebensmittel aus meinem Vorratsschrank enthielt, Schwiegermutter hatte Butter und Schmalz beigesteuert. In dieser schweren Blockadezeit wollten wir den Verwandten nicht zur Last fallen. Die andere Tasche war vollgepackt mit Florians Wäsche, seinen Körperpflegemitteln und zwei großen Flaschen Milch.

Onkel, Tante und Kusine lebten früher in einer großen Wohnung, doch seit einer Bombennacht mußten sie sich mit Schlafzimmer und Küche begnügen. In dem geräumigen Schlafzimmer stand neben den Elternbetten und Annes Bett ein Sofa. Darauf schlief Florian in der ersten Nacht in Berlin zwischen Reinhard und mir.

Anne versprach, sich nach einem Kinderwagen umzusehen.

Am nächsten Vormittag versorgte ich Florian und vertraute ihn der Obhut der Tante an. Wir meldeten uns im Flüchtlingsamt. Unser Blick fiel auf ein Plakat: *Vorsicht! Ostzonale Agenten! Bitte erzählen Sie keine Einzelheiten über Ihre Flucht. Sie bringen Ihre Helfer in Gefahr!*

Betretenes Schweigen herrschte in diesem Warteraum. Nicht einmal hier war man sicher.

Nach langer Wartezeit wurden wir von einer älteren Dame in ein Büro gerufen. Voll Mißtrauen sah sie uns an. „Sie waren Büroleiter in der Stadtverwaltung und Ihre Frau FDJ-Funktionärin. Solche Stellungen gibt man doch nicht auf", sagte sie zynisch.

Reinhard schilderte seine Unterhaltung in der Kreiskommandantur. „Können Sie das beweisen?"

Er schüttelte ratlos den Kopf. Den Tränen nahe beschwor ich sie: „Glauben Sie, daß wir diese Reise mit einem vier Monate alten Baby zu unserem Vergnügen unternommen haben? Der größte Teil unseres Gepäcks besteht aus Babysachen und Lebensmitteln. Für uns konnten wir nur das Allernötigste einpacken."

Die Dame verließ den Raum und kam nach kurzer Zeit mit einem provisorischen Flüchtlingsausweis wieder.

Reinhard fragte: „Wie kommen wir am schnellsten in den Westen?"

„Wenn Sie in ein Lager gehen, dauert es ungefähr sechs Wochen. Haben Sie Bekannte in Westdeutschland?"

„Meine Frau stammt aus Bayern. Ihre Familie lebt dort."

„Dann ist die Sache wesentlich einfacher. In vierzehn Tagen dürften Sie die Zuzugsgenehmigung haben, damit können Sie Berlin sofort verlassen."

„Ich möchte unter keinen Umständen zu meiner Mutter", warf ich ein.

Reinhard redete mir zu: „Deine Eltern sollen uns doch nur helfen, rüberzukommen. Wir werden ihnen nicht zur Last fallen. Sicher finden wir irgendwo ein Zimmer, das reicht für den Anfang. Ich nehme auch jede Arbeit an."

Ehe wir uns verabschiedeten, fragten wir nach dem Weg zum nächsten Postamt. Dort gaben wir ein Telegramm nach Ebenhausen auf: „Erbitten Zuzugsgenehmigung für Reinhard, Monika und Florian. Brief folgt." Dann fuhren wir zurück.

Onkel und Tante rieten uns ab, in ein Lager zu gehen. Sie boten uns an, bis zum Eintreffen der Zuzugsgenehmigung bei ihnen zu wohnen.

Im Brief an meine Mutter schrieb ich unter anderem: „... Wir schlafen zu sechst in einem Zimmer, sonst spielt sich das ganze Leben in der kleinen Küche ab. Onkel, Tante und Kusine sind sehr gastfreundlich, trotzdem wollen wir ihnen nicht länger als unbedingt nötig zur Last fallen; Euch natürlich auch nicht. Wir suchen uns sofort ein Zimmer. Bitte, helft uns so schnell wie möglich. Wir leiden sehr unter dieser bedrückenden Enge..."

Am Abend brachte Anne einen Kinderwagen. Die Schwester ihrer Freundin erwartete ihr Baby erst in einigen Wochen und lieh ihn gerne aus.

Die Behördengänge nahmen viel Zeit in Anspruch. Weil wir einen Säugling zu betreuen hatten, brauchten wir nicht an der Gemeinschaftsverpflegung im Sozialamt Wedding teilzunehmen, ich konnte die täglichen Rationen – meistens gab es Eintopf – in Tante Marias großer Milchkanne abholen.

Auf die Verpflegung von Babys war die Küche im Sozialamt allerdings nicht eingerichtet. Florian aß zwar mittags Gemüse und Kartoffeln, morgens und abends brauchte er aber sein Milchfläschchen, und ich mußte mich in den ersten Tagen unseres Berlinaufenthalts durch eine Reihe von Sozial- und Missionsstellen fragen, bis sein tägliches Milchquantum gesichert war.

In diesen Tagen ging der Fasching zu Ende. Anne bekam eine Einladung zum Ball in ihrer ehemaligen Tanzschule. Sie bestellte drei Eintrittskarten und lud Reinhard und mich ein. Gleich holte ich mein dunkles Festtagskleid und Reinhards neuen Anzug, den er erst vor wenigen Monaten bei Wilfried Köppen gekauft hatte – gegen Bezugsschein, versteht sich – und auf den er so stolz war, aus dem Koffer und bügelte und lüftete sie. Wir freuten uns auf die Abwechslung.

Der Ballsaal war prächtig dekoriert, die Tanzkapelle spielte ausgezeichnet, doch als ich die Kleidung der Gäste betrachtete, verschlug es mir den Atem. Anzüge und Kleider aus wertvollen Stoffen, elegant geschnitten, dagegen kam mir mein Kleid abgetragen und Reinhards Anzug schäbig und unmodern vor. Sogar Reinhard, der sich sonst in modischen Dingen auf meinen Geschmack verließ, weil sie ihn nicht interessierten, stellte fest: „In Strasburg haben wir so, wie wir waren, zur Hautevolee gehört, hier sehen wir aus wie arme Leute."

„Wir sehen nicht nur so aus", fügte ich zaghaft an.

Am Tisch erzählte Reinhard Anne und ihren Freunden Eberhards lustige Geschichten. Sie vergnügten sich köstlich dabei, während wir voller Heimweh an Strasburg dachten.

Die Zeit des Wartens begann. Mehr als zwei Wochen waren vergangen, als der erste Brief aus Ebenhausen kam, der dem Poststempel nach vier Tage unterwegs war. Aufgeregt riß ich den Umschlag auf.

„...Die Zuzugsgenehmigung haben wir in der vergangenen Woche beantragt. Wir schicken sie ab, sobald wir sie haben. Hoffentlich geht es Euch gut...", schrieb Mutter.

Wir warteten weitere zwei Wochen. Wenigstens hatte der Himmel ein Einsehen, die Tage waren sonnig und warm. Vormittags und nachmittags unternahmen wir mit Florian ausgedehnte Spaziergänge. Wir saßen in Parks oder auf Kinderspielplätzen. Gelegentlich besuchten wir auch Tante Anna. Wir wollten das Familienleben unserer Verwandten so wenig wie möglich beeinträchtigen. Reinhard schrieb an meine Mutter, ob es denn gar keine Möglichkeit gebe, die Erteilung der Zuzugsgenehmigung ein bißchen zu beschleunigen. Diesmal kam sofort Antwort aus Ebenhausen. Der Antrag liege beim Bayerischen Landeszuzugsamt in München. Die Überprüfung der Angaben nehme viel Zeit in Anspruch.

Die Gastfreundschaft von Onkel und Tante konnten wir wenigstens durch einen größeren Verpflegungsbeitrag vergelten, denn Schwiegermutter hatte eine Versorgungsbrücke nach Berlin eingerichtet. Jedem aus ihrem Bekanntenkreis, der nach Berlin fuhr, gab sie ein Paket mit, und Tante Maria gewöhnte sich bald daran, daß wildfremde Leute Gemüse, Kartoffeln, Eier und Fleisch bei ihr abgaben.

Sieben Wochen waren vergangen, da erschien völlig unerwartet – wir hatten verabredet, keine Briefe zu schreiben – Schwiegervater. Als erstes beugte er sich über den Kinderwagen, dann berichtete er Neues aus Strasburg. Unsere plötzliche Abreise hatte viel Staub aufgewirbelt. Die einen munkelten, Reinhard habe sich an der Stadtkasse vergriffen, andere glaubten, er habe Bauern zu mehr Schlachtscheinen verholfen, als ihnen zugestanden hätten. Unsere Nachbarn und Bekannten seien bestürzt gewesen. Annemarie Heumann, Frau Bertram und Brigitte, meine Geigenschülerin, hätten bitterlich geweint.

Schwiegervater drückte Reinhard dreihundert Ostmark in die Hand. „Eure Bankvollmacht hat nichts genützt. Eure Konten wurden sofort gesperrt. Ich habe Monikas Bücher verkauft, damit ihr Geld habt."

Meine schönen Goethebände! Wieder kam mir schmerzlich zum Bewußtsein, daß wir alles verloren hatten. „Könnt ihr bitte das Ölbild mit der Bachlandschaft und den Enten nach Ebenhausen schicken?" fragte ich meinen Schwiegervater. Wenigstens ein Erinnerungsstück an meine erste Wohnung wollte ich behalten.

Als wir Strasburg verließen, war unter dem Druck der Ereignisse keine Zeit für große Abschiedsszenen. Nun hob Schwiegervater seinen Enkel aus dem Wagen und drückte ihn an sich. „Ob ich dich jemals wiedersehe?" Seine Augen wurden feucht. Er umarmte uns, ehe er sich schweren Herzens auf den Weg machte.

Reinhard tauschte in einer Wechselstube die dreihundert Ostmark um. Rund fünfzig Westmark brachte er nach Hause als Startkapital für ein neues Leben.

Anfang Mai kam der langerwartete Einschreibebrief. Reinhard fuhr sofort zum Reichskanzlerplatz, um im Büro der Royal Air Force Flugkarten zu bestellen.

Nach weiteren vier Tagen war es endlich soweit. Onkel Leo, Tante Maria und Anne hatten Tränen in den Augen, als wir uns verabschiedeten; dabei mußten sie doch froh sein, nach neun Wochen „Belagerungszustand" ihre Wohnung endlich wieder für sich zu haben.

Tante Anna kam zur Sammelstelle der Royal Air Force in das Deutschlandhaus, um uns Lebewohl zu sagen. „Jetzt hat man einen Großneffen, und nun fliegt er einfach davon, tausend Kilometer weit", versuchte sie zu scherzen. Aber auch sie war traurig und fürchtete, uns nie mehr wiederzusehen. Der „Verordnung für Fluggäste durch Lufttransport der RAF" war zu entnehmen, daß sich der Abflug 48 Stunden oder noch länger verzögern könne. Wir zogen uns in einen stillen Winkel zurück, damit Florian schlafen konnte, und waren überrascht, daß der Bus, der uns zum Flugplatz Gatow bringen sollte, „schon" nach fünf Stunden vorfuhr. Die Fahrt dahin dauerte nicht lange. Dann warteten wir. Luftbrückenflugzeuge landeten, wurden entladen und starteten wieder. Den Passagieren aus unserem Bus wies man den Weg zu einer zweimotorigen Maschine. Der letzte Transportwagen entfernte sich vollbeladen. Das Flugpersonal klappte seitlich angebrachte Notsitze herunter und rief die Namen auf. Florian war das einzige Baby an Bord, deshalb bot man uns einen Platz im vorderen Teil des Flugzeugs an. Die Bodenstelle gab Landeerlaubnis, und wenig später lag Berlin wie eine Spielzeugstadt unter uns.

Es war sechs Uhr abends. Florian, an Pünktlichkeit gewöhnt, verlangte mit lautem Geschrei sein Fläschchen. Wir kamen in ein Schlechtwettergebiet. Das Flugzeug begann so stark zu schaukeln, daß einigen Fluggästen übel wurde. Florian trank sein Fläschchen leer, dann fielen ihm die Augen zu. Er erwachte erst, als das Flugzeug in Lübeck landete. Im Bus, der uns zum Bahnhof fuhr, schlief er wieder ein. Der Anschlußzug nach Hamburg wartete. Reinhard schleppte das Gepäck, ich trug Florian, der wieder aus dem Schlaf gerissen wurde. Wir rannten zum Bahnsteig und erreichten den Zug in letzter Minute.

Als wir in Hamburg ankamen, schlug es gerade zehn. Zwölf Stunden waren wir nun unterwegs. Wir fragten uns zur Bahnhofsmission durch. Dort gab es einen eigenen Raum zur Versorgung von Kindern, und ich stand staunend vor der reichhaltigen Auswahl an Babynähr- und -pflegemitteln. Gerne hätte ich Florian richtig verwöhnt, doch dazu kam es nicht. Die Unruhe und Hektik der vergangenen Stunden waren nicht spurlos an ihm vorübergegangen. Er schrie wie am Spieß und ließ sich nicht beruhigen. Erst als er kaum noch Luft bekam, war er still. Mit rotgeränderten Augen, von einem Schluckauf gequält, lag er in meinem Arm.

Im Bahnhofshotel gab es billige Übernachtungsmöglichkeiten. Eine Angestellte begleitete uns in einen Schlafsaal. Von Ruhe und Dunkelheit umgeben, an mich gekuschelt schlief Florian sofort ein.

Um das Geld für eine zweite Übernachtung zu sparen, verbrachte Reinhard die Nacht in einem bequemen Sessel bei den freundlichen Damen in der Bahnhofsmission.

Um sechs Uhr wurde ich geweckt, eine Stunde später fuhr der Zug ab. Nur wenige Fahrgäste reisten an diesem Morgen nach München. Auf der Sitzbank uns gegenüber lag Florian auf seiner großen Decke, meistens schlief er.

Die Köche in der Küche der Speise- und Schlafwagengesellschaft,

Mitropa genannt, erlaubten mir, selbst für den Kleinen zu kochen. Nach Belieben durfte ich Milch, Mehl, Grieß und Zucker verwenden. Es war mir immer noch ungewohnt, daß es in Westdeutschland ja keine Lebensmittelmarken gab.

Florian bereitete mir Sorgen, er aß und trank sehr wenig. Noch etwas beunruhigte mich. Mit jeder Stunde rückte die Begegnung mit meiner Mutter näher. „Komm nicht zu mir, wenns schiefgeht!" war ich gewarnt worden. In den zweieinhalb Jahren meiner Abwesenheit hatte ich mich oft nach einem Wiedersehen mit Eltern und Geschwistern gesehnt. Jetzt war mir angst und bang. Ich kam als Flüchtling mit einem arbeitslosen Mann, einem kleinen Sohn und fünfzig Mark Barschaft in der Tasche.

Fast zwölf Stunden saßen wir nun schon im Zug. Die Landschaft wurde mir immer vertrauter, und als wir schließlich im Hauptbahnhof eintrafen, glänzte München in der Abendsonne.

Mutter wußte zwar unseren Abreisetag, ich hatte jedoch nicht im Traum damit gerechnet, daß sie unsere Ankunft erfragen und uns in München abholen würde. „Das Kind ist viel zu blaß", war nach einer kurzen Begrüßung ihre erste Feststellung. Vor dem Hauptbahnhof wartete das Taxi, mit dem sie aus Ebenhausen gekommen war. Während der Fahrt schwiegen wir.

Daheim lief ich Vater in die ausgebreiteten Arme. Trotz vierjähriger Trennung und aller Strapazen, die hinter ihm lagen, wirkte er unverändert. Er hielt mich lange umklammert, und es tat gut, zu spüren, daß wenigstens er sich über meine Rückkehr freute.

Meine Geschwister verhielten sich zurückhaltend. Wahrscheinlich fanden sie mich ebenso verändert wie ich sie.

Das Haus der Eltern war geräumig, doch gab es darin noch viel zu tun, so sollte das Obergeschoß erst später ausgebaut werden. Mutter begleitete mich nach oben. „Das Balkonzimmer soll Ursula bekommen, das Zimmer zur Straße dein Bruder und das Mittelzimmer die beiden Jüngsten. In den jetzigen Kinderzimmern richten wir später Wohnzimmer und Büro ein", erklärte sie.

Schon auf den ersten Blick sah ich, daß in diesem Haus kein Platz für mich und meine Familie war.

In einer Ecke entdeckte ich verstaubt und mit Spinnweben überzogen meinen Geigenkasten. Ich öffnete ihn. Ein trauriger Anblick bot sich mir. An der Geige fehlten E-Saite samt Wirbel, der Steg stand schief, und am Bogen hingen mehrere Haare herunter. „Du kennst ja deine Geschwister", sagte Mutter achselzuckend. Daneben lag der lange schmale Karton mit meiner Kommunionkerze. Mutter ging gewöhnlich sehr sorgfältig mit geweihten Gegenständen um und bewahrte sie im Hutfach ihres Kleiderschrankes auf. Verwundert hob ich den Deckel. Meine schöne Kerze mit den weißen und silbernen Ornamenten war in der Mitte gebrochen. „Das muß beim Umzug passiert sein", vermutete Mutter.

Nun wunderte ich mich auch nicht mehr, als ich den großen Umschlag mit Reinhards Liebesbriefen und anderen kleinen Geheimnissen aufgerissen und durchwühlt fand.

In diesem Haus schien, außer Vater vielleicht, niemand damit gerechnet zu haben, daß ich jemals zurückkehren würde. Ich legte alles wieder an seinen Platz und folgte Mutter nach unten.

Im großen Kinderzimmer – meine beiden jüngsten Schwestern schliefen noch darin – standen zwei Betten für Reinhard und mich und am Fußende ein Kinderbett. Mein erster Gedanke war, diesen Raum schnellstens durch einen Vorhang zu unterteilen und uns ein eigenes kleines Reich zu schaffen.

Florian fand keinen Schlaf. Als er zu weinen begann, holte ich ihn in mein Bett, damit er die Ruhe von Eltern und Geschwistern nicht störte. Diese erste Nacht in Bayern zog sich schier endlos hin.

Am Morgen wickelte ich den Kleinen und ging mit ihm in die Küche. Mutter stand am Herd und rührte in einem kleinen Topf. „Ich war schon in der Apotheke und habe Babynahrung geholt. Florian ist viel zu schmal für seine sechs Monate", sagte sie und füllte den Brei in die Flasche, kühlte ihn und nahm ihren Enkel in den Arm. Der Kleine verzog das Gesicht und kniff die Lippen zusammen.

Mutter brach eine neue Packung mit Säuglingskost auf und begab sich erneut an den Herd. Auch dieser Versuch scheiterte. Sie wurde ärgerlich: „Das Kerlchen ist völlig durcheinander. Was soll auch dabei herauskommen, wenn Kinder Kinder kriegen!"

„Wenn man mit sechzehn in die Rüstung gesteckt wird, ist man fast erwachsen, aber wenn man mit zwanzig ein Baby kriegt, ist man selber noch ein Kind." Das Barometer stieg langsam auf Sturm. Da erschien Vater am Frühstückstisch. Er goß Milch in eine Tasse, gab Zucker dazu und brockte Brot hinein. Dann band er Florian ein Lätzchen um und nahm ihn auf den Schoß, so, wie er es in früheren Jahren mit uns gehalten hatte. Bereitwillig öffnete der Kleine seinen Mund, bis die Tasse leer war.

Ich legte ihn in sein Bett und öffnete das Fenster weit. In den folgenden Stunden lauschte ich immer wieder an der Türe. Die Schatten wurden schon länger, als ich Florian vergnügt krähen hörte. Ich ging zu ihm, nahm ihn auf den Arm und trat ans Fenster. Die Sonne lachte vom Himmel, in der Wiese leuchtete der Löwenzahn.

Florian zappelte und strampelte mit seinen kleinen Armen und Beinen, als wolle er hinausfliegen in die goldgelbe Pracht. Ich drückte ihn an mich. ,,Gott sei Dank! Du hast diese schlimme Zeit gut überstanden. Alles andere ist unwichtig! Hier können wir zwar nicht bleiben, wir müssen wieder ganz von vorne anfangen, aber das verspreche ich dir, du kriegst eine Wiese, eine wunderschöne Löwenzahnwiese allein für dich!"

Von Elisabeth Obalski-Hüfner sind ferner
erschienen: Bairische Gedichte

Zuageh duads
4. Auflage 1982. 88 Seiten. Broschiert

Ihr werdts es no dalebn
3. Auflage 1984 · 88 Seiten · Kartoniert

Auf und davo
1. Auflage 1982 · 88 Seiten · Kartoniert

Mia san so frei
Anthologie mit Carlamaria Heim, Regina Lindinger, Sarah Camp u. a.
1. Auflage 1983 · 118 Seiten · Kartoniert

Trotz ihrer humorigen Schnoddrigkeit, die ihrem Stil zu eigen ist, haben ihre Dichtungen auch einen ernsten Hintergrund. Sie nimmt kein Blatt vor den Mund, wenn es darum geht, Ungereimtheiten im Leben ihrer „Objekte" aufzudecken. Ludwig Thoma hätte seine wahre Freude daran gehabt. *(Süddeutsche Zeitung)*

Bücher von Carlamaria Heim:

Josefa Halbinger, Jahrgang 1900
Lebensgeschichte eines Münchner Arbeiterkinds
4. Auflage 1982. 136 Seiten mit Abb. Broschiert.
Ausgezeichnet mit dem Münchner Tukanpreis

Aus der Jugendzeit
Kindheit und Jugend in Deutschland
1. Auflage 1984. 196 Seiten mit Abb. Kartoniert

Carlamaria Heim war alles andere als angepaßt, schönfärberisch oder auch nur großzügig im Umgang mit Sprache. Das unterscheidet ihre liebevoll-genaue Schreibarbeit von den heimattümelnden Schnellschüssen ihrer vielschreibenden Kollegen. Gemessen an den berühmten Romanciers unserer Zeit hat sie wenig geschrieben. Dies wenige aber wird wichtig bleiben... *(Bayerischer Rundfunk)*